J.P.N.M. VOGEL

DIE EDELSTEINE DES DREIKÖNIGEN- SCHREINS ZU KÖLN (1781)

herausgegeben von Norbert Flörken

Zur Textgestaltung:

Rechtschreibung und Zeichensetzung sind beibehalten worden, gegebenenfalls sind Namen in der modernen Schreibweise hinzugefügt worden. Die Punkte hinter den einfachen Zahlen, z.B. den Jahreszahlen, sind weggelassen worden. Der Text der Vorlage steht in dieser Serifenschrift, Zusätze und Ergänzungen des Bearbeiters in dieser serifenlosen Schrift. Die Anmerkungen Vogels und anderer historischen Autoren sind in » « gesetzt; die Klammern der Vorlage ( ) sind durch { } oder – – ersetzt worden. Streichungen des Herausgebers stehen in ( ), Ergänzungen in [ ]. Fremdsprachige Wörter und Zitate sind *kursiv* gesetzt. Beim Seitenwechsel wurde die anfallende Trennung aufgehoben. Die häufigen Sperrungen bei Eigennamen oder Ortsnamen wurden nicht übernommen. Die Angaben zu Personen, Orten oder Sachen sind dem Portal Wikipedia entnommen.

Impressum

Bibliographische Information der Deutschen Nationalbibliothek:
Die Deutsche Nationalbibliothek verzeichnet diese Publikation in der Deutschen Nationalbibliographie, detaillierte bibliographische Daten sind im Internet über http://dnb.dnb.de abrufbar.
© Norbert Flörken
Herstellung und Verlag:
BoD – Bokks on Demand, Norderstedt
ISBN 9783749405978

SAMMLUNG | DER PRÄCHTIGEN EDELGESTEINEN | WOMIT DER | KASTEN | DER DREYEN HEILIGEN WEISEN KÖNIGEN | IN DER HOHEN ERZ–DOMKIRCHE ZU KÖLN | AUSGEZIERET IST, | NACH IHREM ÄCHTEN ABDRUCKE IN KUPFER GESTOCHEN. | NEBST EINER VORLÄUFIGEN GESCHICHTMÄßIGEN EINLEITUNG DURCH J[OHANNES] P[HILIPP] N[ERI] M[ARIA] V[OGEL] [1]. | [S.37:] BONN, GEDRUCKT IN DER KURFÜRSTL[ICHEN] HOFBUCHDRUCKEREY 1781. ZU HABEN BEI DEM VERFASSER, UND IN BESAGTER HOFBUCHDRUCKEREY. [2]

Johann Philipp Neri Maria Vogel

Über ihn ist wenig bekannt. Er arbeitete als „Cammer fourier und hoff Rath" [1777][3] am Hof der kölnischen Kurfürsten in Bonn, und war vor allem Herausgeber der ›Chur-Cölnischen Hof-Calender‹ resp. ›Calendrier de la Cour‹ oder ›Allmanac de la Cour‹ von 1759 bis 1794. Seine « Sammlung » ist daneben sein einziges Werk.

---

[1] Der heilige Filippo Romolo Neri, deutsch Philipp Neri, (* 21. Juli 1515 in Florenz; † 26. Mai 1595 in Rom) war eine herausragende Gestalt der Gegenreformation im Rom des 16. Jahrhunderts und trägt zuweilen den Ehrentitel „Apostel von Rom". Er gründete die Kongregation des Oratoriums und wird in der römisch-katholischen Kirche als Heiliger verehrt.

[2] Fundstelle: UB Heidelberg; http://digi.ub.uni-heidelberg.de/diglit/vogel1781/0001 ff. – Die französische Fassung «Collection des pierres antiques dont la chasse des SS. trois mages est enrichie dans l'église metropolitaine à Cologne. Gravées apres leurs empreintes avec un discours historique analogue par J.P.N.M.V. » in der USB Göttingen.

[3] (Ennen, 1989, S. 427).

Inhalt

Abbildungen

Vorrede an den Leser.

Titus Pomponius, mit dem Zuname Attikus, ein Römischer Ritter, und Blutsverwanndter des weltberühmten Redners Cicero schreibt an diesen von Athen aus, wo er studierte, das dieser so vortrefliche Musensitz selbst ihn nicht sowohl wegen den herrlichen Gebäuden, und kunstreichen Alterthümmern, als durch die Gedächtnisse rühre und ergötze, wo dieser oder jener Weltweiser gewohnet, wo er seinen Sitz gehabt, und wo er öffentlich zu lehren oder zu disputiren gepflegt habe, und daß er derenselben Grabstätte gar fleißig und embsig zu betrachten seich eine Freude mache.

Konnte dieses ein Heid von heidnischen Sachen und Personen rühmen, um wie viel mehr Ehrerbietigkeit, Ergötzung, und heilige Rührung kann und soll dann nicht ein wahrer Christ spüren, wenn er ansichtig wird jener so verehrungswürdiger und prächtiger, als uralter und künstlicher Grab- und Ruhestätten der heiligen drey Königen und Weisen aus Morgenland, die unsern Heiland Jesum Christum den größten Stern des ewigen Glücks, den Versöhner mit Gott, den Erlöser aller Welt, den König aller Königen, schon in der Krippe als ein göttliches Menschenkind uns gezeigt, und zuerst angebethet haben, sofort die ersten Zeugen <> und größten Bekenner von seinem göttlichen Ursprung gewesen sind, mithin uns zur Nachfolge Christen geziemender Verehrung den Weg gewiesen und gebahnt haben.

Kommt allso auch herzu ihr nach Standesgebühr vereheliche Mitchristen! in dieses uralte Grabmal, in diese heilige Stätte, wo die Gebeine solcher großen Königen und ersten christlichen Weltweisen sanft und stille ruhen, da ihre große Seelen unsern dreyeinigen Gott im Himmel ewig anschauen, loben und anbethen, für uns aber, die wir auf dem schliepfrigen Wege dieser zergänglichen Welt wandern, Allerhöchstdenselben bitten und bethen, mithin durch die allmächtige Gnade Gottes, bei wahren Christen, auch wahre Wunder wirken in allen unsern Leibes und besonders Seelen Nöthen und Gefahren.

Gelobt sey Gott! der in seinen Heiligen wunderbar ist, und erbarme sich aller Ihn von ganzem Herzen verehrender Seelen. <3>

Vorläufige kurze Geschichts-Einleitung.

Allgemein kündig ist es, daß die Körper und Gebeine der heil[igen] drey Königen und Weisen aus Morgenland bei der letzten Einnahm und Verwüstung der Stadt Mailand unter dem Kaiser Friderich dem Rothbarten gegen das Jahr 1163 nebst andern prächtigen Reichthümern und Schätzen dem kölnischen Erzbischöfen und ged[achten] Kaisers Kanzler Reinald von Dassele zu Theil geworden, und müßte jener wohl für einen in den Geschichten Unerfahrnen angesehen werden, der annoch glauben wollte, daß die Mailändische Innwohner noch immer behaupten, gedachte Heilthümer in ihren Ringmauern zu besitzen, nachdem die dortigen Geschichtschreiber selbst wiewohl nicht ohne offenbaren Gram rundausgestehen, daß solche von da nach Köln am Rheine entführet worden sind.

Weil aber jedoch solches Märchen bei vielen annoch anhaltet, so wird es gar nicht unnützlich seyn, die eigene Geständniß und Berichte gedachter Geschichtsschreiber förmlich einzusehen.

Andreas ALCIATUS[4] in seiner Mailändischen Geschichten dritten Buch p. m. 61 schreibet gar zu deutlich, daß man in der Kirche zum heil. Eustorgius eine große Grabstätte vorzeige, woraus die Gebeine der heil. 3 Königen entführet worden, da Friderich der Rothbart die Stadt geschleifet, und solche nach Köln am Rheine uberbracht hat: *Extat adhuc praegrandis Tumulus, unde ablati Reges … cum Imperator Aenobarbus urbem aequavit solo, transtulitque eos in Coloniam Agrippinensem etc. <4>*

Noch klarer aber läßt sich der Mailändische Chorherr Karl TORRE in der Beschreibung der Stadt Mailand aus, und meldet in dem Abschnitte von der ged. Kirche zum heil. Eustorgius, daß solches Gebäude ein Werk dieses Mailändischen Erzbischofes gewesen, und eben auf jenem Ort außerhalb der Stadt gebauet worden, wo vormals der heil. Apostel Barnabas sein erstes Bethhaus gehabt, da er die ganze Lombardei, und besonders die Mailänder zum Christlichen Glauben gebracht.

Dieser gottselige Stifter soll auch nach Angehen des berühmten Aegidius von Clairveaux in sothaner Kirche, und zu den Füßen der Grabstätte deren drey heiligen Weisen Königen, und deren Märtyrer Felix und Nabor, seine Ruhestätte gehabt haben, und von ihm der Zuname Eustorgius allgemach dieser Kirche angediehen seyn: die welche der heil. Ambrosius der 14te Erzbischof von Mailand demnächst vergrößert, und zu einer Stiftskirche erhoben haben soll,

---

[4] Andrea ALCIATO (auch Andrea Alciati, lat. Andreas Alciatus; * 8. Mai 1492 in Alzate Brianza in der Nähe des Comer Sees; † 12. Januar 1550 in Pavia) war ein italienischer Jurist und Humanist.

wie Joseph RIPPAMONTIUS[5] in seiner Mailändischen Geschichte bei dem GREVIUS[6] in seinen *Antiq[u]it[atum] Ital[iae] T[omus] 2, part[e] post[eriore]* weitläuftiger angiebt.

Wie vielen Zufällen, Verwüstungen, Abänderungen und Erweiterungen sothane Kirche unterworfen gewesen, so bezeuget doch vorged[achter] KARL TORRE in der zwoten Auflage seines Werkes im Jahre 1714, daß in der zum heil. Stephanus benannten Kapelle die ehemalige Grabstätte unser drey Weisen Könige annoch gar deutlich angewiesen werde.

Zu mehrerem Beweise unser gegenwärtigen Geschichte wollen wir von dessen Erzählungen den buchstäblichen und getreuen Auszug hiehinsetzen; in seinem vorher berührten Werke – so den Titel *Il Retratto di Milano*[7] führet – berichtet er *pag[ina]* 84 gar deutlich mit folgenden Ausdruckungen:

Siegue la capella dedicata a S. Stefano, la quale ha pitture assai buone a tempra, ma quasi tutte Smarrite : Ecco il tumulo dei regi adoratori in quaesta Capella posta in fronte della Chiesa al suo diritto lato : Conosceretelo esser tale, portando l'insegno della Stella nel suo coperchio; in cosi mal lavorata guisa construssesi a cenni del S. Arcivescovo Eustorgio; Egli e pure vero, che le sante Relliquie serbavansi in altro Avello di marmo, riposto in seno di questo tumulo, quivi esse surono ossequiare dell'anno 324 dopo il parto della Virgine fine al 1163, nel qual Seculo succendendo il fiero disolamento della nostra Citta surono per conservarle illese nascoste nella torre di Campane della Collegiata di S. Giogrio al Palagio, ma al cicalare di poco assenata vechia restarono preda del'inumano Fredrico, il quale transportello in Colonia Agrippina, privando Milano anche delle sue riechezze celesti, mentrè lo aveva esausto d'ogni terrena faculta etc. <5>

D. i. hier folget die Kapelle zum heil. Stephanus benannt, welche verschiedene gute Malereien in Wasserfarben hat, die aber schon verblichen sind: sehet da in dieser Kapelle, so an dem obern Theile der Hauptkirche gebauet ist, die Grabstätte der Königen, so den Heiland angebethen, Ihr werdet erkennen, daß sie solche sey, weil sie auf dem Deckel das Zeichen des Sterns hat; in so übel ausgearbeitetem Geschmacke ist selbige auf Befehl des heil. Erzbischofs Eustorgius gemacht worden: Wahr ist es inzwischen, daß diese heilige Reliquien in einem andern Sarge von Marmor aufbehalten wurden, so in diesem Grab eingesetzt wäre: allda wurden sie vom Jahre 324 nach der Geburt der Jungfrau bis gegen das Jahr 1163 verehret, in welchem Jahrhunderte, da die grausame Verwüstung unser Stadt vorgangen, dieselbe, um verschont zu bleiben, in dem Klockenthurn der Stiftskirche zum heil. Georgius im Pallast verborgen, durch

---

[5] Weiteres nicht zu ermitteln.

[6] Johann Georg GRAEVIUS (latinisiert aus Grava oder Greffe) (* 29. Januar 1632 in Naumburg (Saale); † 11. Januar 1703 in Utrecht) war ein deutscher klassischer Philologe und Textkritiker: (Graevius, 1704).

[7] (Torre, 1714).

das Geschwätz eines alten unwitzigen Weibs dem unmenschlichen Friderich zur Beute geworden, welcher solche dann nach Köln am Rheine gebracht, und also Mailand auch seiner himmlischen Schätzen beraubet, nachdem er selbiges aller seiner weltlichen Habschaften entblößt gehabt.

TORRE wiederholet diese seine klägliche Geständniß mit noch mehr vergallten Ausdrücken bei der Beschreibung jetzt ged. Stiftskirche zum heil. Georgius p. 132, da er den Kirchengipfel also anzeiget:

Dimonstrandovi questo frontispicio cosi maltratato, offerendo agli ochi per ogni parte diroccamenti, vorrei quasi dirvi, haver egli provato lo sdegno del Barbarossa inviperotosi più contro questo tempio, che contra qualunque altro, primò per esser edificato entro della Città den sapendosi, che volevala egli tutta disfatta, essendosi dichiarato di non usar tanta crudelta con le frabriche inalzate fuori della Città, perche al suo arrivo gli abitatori forensi connoberlo senza ripugnanza per loro Signore e Padrone, e perche nella torre delle Campane non restaresse preda di si Tartareo Cacciatore, ben che poi a rapporto dona scimunita vechia ne devenisse possessore, transportandolle alla sua partenza in Colonia etc.

D. i. da ich euch diesen so Übel zugerichteten Gipfel vorweise, so von allen Seiten Verwüstungen anzeiget, wollte ich schier sagen, daß er die Rache des Barbarossa ausgestanden, der gegen diese Küche vielmehr als gegen alle andere verbittert ware; erstens, weil sie innerhalb der Stadt gebauet, diewelche Er, wie man weis, völlig zerstört haben wollte, da er sich <6> geäussert, daß er dergleichen Strenge gegen die ausserhalb der Stadt erhöhete Gebäude nicht ausüben wollte, weil die auswärts wohnende ihn ohne Widerstand für ihren Herr und Meister erkannt hatten, und zweytens, weil in diesem Klockenthurn, so derselbige ist, den ihr da sehet, die heil. Reliquien der drey Weisen Königen verborgen gewesen, damit selbige einem so höllischen Jäger nicht zum Raub würden, obgleich er doch demnächst durch Beibringungen eines tollen alten Weibs solcher habhaft worden, und sie bei seinem Abzug nach Köln gebracht.

Aus diesem der Wahrheit gemäßen mithin unpartheiischen und vertraulichen Bericht eines Mailändischen Geschichtschreibers erhellet sich nun klärlich wiewohl in der äußersten Enge der ganze Vorfall, bei und durch welchen jener großer Schatz, wovon wir handeln, der kölnischen Kirche zu Theil geworden, jedannoch schmeichle ich mir, daß denen Geschichtsliebhabern nicht unangenehm seyn werde, eine etwa weitläufigere und getreue Erläuterung dahier zu finden, um demehr, da hiebei ein und andere Umstände untergeloffen, wobei drey von unser kölnischen Erzbischöfen benanntlich Arnold 2te aus dem Altgräflichen Hause Wied oder Weda, Friderich 2te aus dem gräflichen Haufe Altena und Berg, und Reinald Graf von Dassele nicht allein als Augenzeugen, sondern auch als Mitwirker sich eingefunden haben.

[Die Feldzüge des Kaisers Friedrichs I. in Oberitalien in den Jahren 1154 ff]

Geschichtskündig ist es, was Mühe und Arbeit dem Kaiser Friderich dem 1sten[8] gekostet Wälschland, und besonders die sogenannte Lombardey[9] zum Gehorsam zu bringen, als <7> welche wegen langjährigen Abwesenheit der Kaisern zum Muthwillen verleitet, und auf ihre Kräften vertrauend sich zu empören angefangen hatte: wie solches ged. Friderich der 1ste in dem an seinen Oheim Otton Bischof zu Freisingen abgefaßten Sendschreiben mit folgenden Worten bezeuget: *Expeditionem Romam movimus, & invalida manu Longobardiam intravimus. Haec quia propter longam absentiam Imperatorum ad insolentiam declinaverat, & suis cinfias viribus aliquantum rebellare caeperat etc. Vid[e]* MURAT[ORI][10] Rer[um] Ital[icarum] Script[ores] T.7, p.635.

---

[8] »Dieser Friderich der 1ste, welcher wegen seines rothen Bart in denen Geschichten den Namen Barbarossa oder Rothbartiger allgemein beibehalten, ward nach dem unglücklichen zu Bamberg unterm 14ten Februar 1152 erfolgten Absterben des Kaisers Konrads den 3ten März selbigen Jahrs zu Frankfurt zum Römischen König erwählt und von dorten aus dem Mayn und Rheinstrom herunter zu Wasser bis Sinzig – so damals annoch eine königliche Stadt ware – von hier aber weiter zu Land nach Aachen geführet, und vom Erzbischöfe Arnold dem 2ten auf den Sonntag *Laetare* den 8ten März allda gekrönt, wie solches OTTO FRISINGENS[IS] l[ibro] 2, c[apitulo] 3 weitläufig berichtet, der annoch hinzusetzet, daß an eben selbem Tag und Ort Friderich der 2te Bischof zu Münster von gedachtem Arnold zum Bischofe gesalbet worden: dessen Ausdrücke hierüber wegen seiner Zierlichkeit hier eingeschaltet zu werden verdient: *Sed hoc sub silentio regendum non erit, quod eadem die in eadem Ecclesia Monasterienis Electus item Fridericus ab iisdem, a quibus & Rex Episcopis in Episcopum consecratur, ut revera summus Rex & Sacerdos praesenti jucunditati quasi prognostico interesse crederentur, qua in una Ecclesia una dies duarum personarum quae solae novi & veteris Testamenti institutione sacramentaliter unguntur, & Christi Domini rite dicuntur, vidit unctionem.*«

[9] »Die Lombardey ware sonsten die Longobardie von denen Longobarden genannt, welche barbarische Völkerschaft unter dem Heerführer Alboin aus der Insel Scanzia kommend anfangs Pannonien bewohnt, und demnächst sich verschiedener Landschaften bemeistert, und darum Langobardem oder Langbarten benamset worden, weil sie unter ihrem Heer eine große Anzahl Weiber hatten, welche mit denen am Kinne zusammengeflochtenen Haaren ein lang gebartetes männliches Ansehen vorstellten, wie solches Otto Frising. l.2, c.13 mit diesen Worten näher angiebt: Lombardia olim Longobardia a Barbaris, qui a Scanzia Insula cum Alboin Duce venientes, Pannonias primo inhabitarunt, eo quod ad augendem exercitum foeminis reflexis ad mentum crinibus sicque barbatam & virilem faciem imitantibus, & idcirco Langobardis id est Longisbarbis vocitatis, & ipsa Longobradia appellari consuevit.«

[10] (Muratori, Rerum Italicarum scriptores, 1725).

Als in Folgendem Jahre 1152 auf dem zu Konstanz gehaltenen Reichstag zwey zufälliger Weise[11] allda sich einfindende Bürger von Lodi Albernandus Alemannus, und Homobonus de Magistris wahrnahmen, mit welchem Gerechtigkeitseifer der Kaiser Friderich der 1ste allen zu ihm Zuflucht suchenden das Recht angedeihen liesse, und sie von ihrem Druck zu befreien sich beeiferte, nahmen dieselbe wiewohl ohne Vorwissen ihrer Mitbürgern den Muth Friderich, die mehr dann tirannischc Verfolgung vorzustellen, so die Stadt Lodi seit mehr dann 40 Jahren von den Mailändischen Bürgern auszustehen gehabt hatte.

Friderich, der vielleicht ohnehin die Mailänder zu demüthigen im Sinn gehabt haben mag, sendete hierauf den Sicherius einen tapfern Jüngling von seinem Hofe mit geheimen Abladungsbriefen an den Rath der Stadt Mailand, derwelcher sothane Briefe auf die verächtlichste Art zerrissen, und der Bildniße des Kaisers den größten Schimpf angethan, also daß Sicherius aus Furcht eines ärgern durch das zusammengerottetes Volk sein Heil mit der Flucht suchen mußte. Tristan. CALCHUS, l[oco] c[itato], col.220; Otto MORENA hist. Rer. Lod. § 1, col.966.

Der ab sothanem Frevelmuth durch den Sicherus hierauf abgestatteten Bericht brachte nun den Kaiser Friderich völlig ins Harnisch, welcher dann annoch auf selbiger Reichsversammlung den Feldzug nach Wälschland auf folgenden Herbst festsetzen ließe; derselbe wurde auch wirklich im Monate September des Jahrs 1154 vorgenommen, und da die Mailänder die <8> Ankunft des Kaisers zu Roncaglia[12] vernahmen, auch erfuhren, daß die Abgeordneten der

---

[11] »Forteque apud Hermannum Constantiensem Episcopum duo Laudenses Cives privatam ob rem in Germania negotiantes diverterunt, Albernandus Alemannus, & Homobonus de Magistris etc.« Tristan CALCHUS Hist[oriae] Patr[iae] ap[ud] Graevium T.3, Col. 218.

[12] »Romaglia ist ein lustiger Ott in einer weiten Ebene an dem Poofluß, ganz nahe bei Piacenza, allwo vor diesem die deutschen Kaiser bei den sogenanmen Römerzügen – wenn sie um sich zu Rom krönen zu laßen nach Italien sich erhoben – still zu liegen, die Musterung des Heeres auch gar wohl Reichstag zu halten pflegten, wovon uns OTTO FRISING. c. 12 eine umständliche Nachricht giebt: *Est autem consuetudinis Regum Francorum, quae ex Teutonicorum, ut quotiesque ad sumendam Romani Imperii coronam militem ad Transalpizandum coegerint, in praedicto campo apud Roncalias mansionem faciant, ibi ligno in altum porrecto scutum suspenditur universumque Equitum agmen feuda habentium ad excubias proxima nocte Principi faciendas per Curiae Praeconem exposcitur, quod sectantes, qui in ejus comitatu fuerint, singuli suos beneficiatos exposcunt, ac sequenti die, quicunque nocturnis vigiliis defuisse deprehensus fuerit, denuo in praesentiam regis vel Virorum illustrium vocatur, sicque hoc exemplo Hatuetus Bremensis, & Ulricus Halberstadensis Episcopi feuda amiserunt etc.*

Es ist aber eine Gewohnheit der fränkischen und deutschen Königen, daß so oft dieselbe zur Empfangung des Römischen Reichs Krone das Heer zu dem sogenannten Römerzug oder dem Zug über das alpische Gebirg zusammengebracht haben, sie in gedachtem Feld bei Roncaglia Halt machen, alldort wird an einem erhöheten Holz ein Schild aufgehangt, und die ganze Schaar der lehentragenden Ritter durch des Hofes Herold aufgebothen, bei dem Fürsten in folgender Nacht die Wacht zu halten: diesem Gebrauche ahmen auch diejenigen

benachbarten Städten Lodi, Pavia, und Cremona demselben zur Bezeigung ihrer Unterwürfig-keit goldene Schlüssel überreichet, und gegen sie die härteste Klagen eingebracht, Friderich aber hierauf die Züchtigung der Stadt Mailand nochmals geschworen hätte, so ordneten sie ihre beide Bürgermeister Ubertus de Orro und Gerard de Nigro ab, um demselben ein mit einigen tausend Mark Silber ungefülltes goldenes Trinkgeschirr zu überreichen, und denselben zu versöhnen; allein Friderich verwarfe diese Geschenke, ließe die Abgeordneten aus dem Hof! gar verweisen, nachdem Er ihnen und der Stadt die kaiserliche Ahndung förmlich angekündi-get, die Er auch gleich hierauf mit Ernst zu vollführen anfienge, und alle der Stadt zugehörige umliegende Oerter theils völlig schleifen, theils derer Mauren und Festungswerker abwerfen und niederreißen ließe.

Kaum aber hatte Er den Rucken gewendet, und nach der zu Rom den 16ten Iunius 1155 von dem Pabste Adrian IV. erhaltenen goldenen Kaiserkron sich wieder nach Deutschland zu-rückgegeben, so fiengen die Mailänder wieder an unter Anführung des Grafen Anghiera[13] ihre Müthereyen gegen die benachbarte Städte Pavia, Como etc. auszuüben. *Vid.* Lud[ovicus] CA-VITELL[I] Annal[es] C(e)remonens[es], apud GRAEV[IUS] T.3, col. 1771. <9>

Friderich kehrte hierauf selbst in Gesellschaft der Erzbischöfen Friderich[14] von Köln, und Hellin von Trier, auch verschiedener anderer Reichsfürsten im Monate August des Jahrs 1158 mit einem Heere von 100.000 Mann in die Lombardey zurück , brachte die empörte Städte unter seine Bothmäßigkeit, befreyete jene, so von den Mailändern wieder Tirannischer Weist unterdrücket waren, und zwang die Stadt Mailand selbsten nach einer langwierigen und hart-näckigen Belagerung sich den 8ten Sept. unter den härtesten Bedrängnißen zu ergeben, und

---

nach, so in dessen Gefolge gewesen, und lassen ihre Lehenträger auffodern, und wer anderten Tages bei sotha-ner Wacht gefehlt zu haben ertappet worden, wird nochmals vor den König oder vor die hohe Herren vorge-laden, und alle Lehenträger, so ohne Erlaubniß ihrer Herren zurückgeblieben, werden also fort ihrer Lehen beraubet: und nach diesem Beispiel haben die Bischöfe Hartuetus von Bremen, und Ulricus von Halberstadt ihre Lehen verloren etc.«

[13] »Ludov. CAVITELLIUS nennet ihn Gualvagnus, andere Gualphagnus, Tristanus CALCHUS aber Vivianus auch Galvanus. l. cit. col.225.«

[14] »Dieser Friderich dieses Namens der Zweyte ware ein Sohn Adolph des 2ten Grafen von Altena und Berg, und ein Bruder Engelbert des 1sten Grafen von Berg,und nach dem unterm 14ten März 1156 erfolgten Absterben Arnold des 2ten von Weda in einer zweispaltigen Wahl entgegen Gerarden von Sayn Probsten zu Bonn zum Erzbischofe von Köln gewählet, von dem Kaiser aber dem Gerard vorgezogen, von dem Pabste Adrian IV. in folgendem Jahre 1157 zu Rom confirmirt und eingesegnet, folgte darauf dem Kaiser bei dem Feldzug in der Lombardey im Jahre 1158, und starb in dem Lager zu Pavia, von da Er nach Deutschland überbracht, und in die Abtey Altenberg begraben worden, allwo vormals die allgemeine Grabstätte der Grafen von Altena und Berg ware.«

eine Geldbuß von 9.000 Mark Gold zu erlegen: *Vid*. RADEV[ICUS] FRISING[ENSIS] apud MU-
RAT. T.6, col.776, & Tristan. CALCH. Col.234.

Er verfügte sich folgends nach Cremona, und von da nach Roncaglia, um alldort den auf
den 11ten November ausgeschriebenen Reichstag zu eröffnen, wobei er den Schluß gefaßt, den
bereits unterworfenen Städten in der Lombardey etc. Obrigkeiten vorzusetzen, die in kaiserl.
Name das Oberrecht verwalten, und wegen obhabender Gewalt den Namen *Potesta* tragen soll-
ten, wie solches Tristanus CALCHUS col.236 mit folgenden Worten bezeuget: *Inter haec Fridericus Longobardis Civitatibus novos Magistratus dedit, qui a summo rerum Imperio Potestates vo-
cabantur, duratque in hodiernum diem appellatio, & ex longo usu ex foemineo in Masculinum articu-
lum Potestas pro Praetore posita transivit, praefuitque diu rebus publicis, & Princeps exercitus in bella
prodibat, donec invaluere Tiranni etc.*

D. i. während diesem hat Friderich den Lombardischen Städten neue Obrigkeiten gegeben,
welche von wegen der höchsten Gewalt Potestates genannt wurden, diese Benamsung dauret
annoch bis auf heutigen Tag, und ist nach langem Gebrauch anstatt jener eines Oberrichters
eingeführet worden. Diese Potestaten haben lange Zeit dem gemeinen Wesen vorgestanden,
und waren bei dem Krieg als Heerführer bis zu jener Zeit, da die Tirannen entstanden etc.

Friderich ernannte zur Vorstellung allsolcher Obrigkeiten seinen Kanzler Reinald von Dassele, der im vorigen Jahre allschon verschiedene Aufträge des Kaisers in Wälschland glücklich
ausgeführt hatte, und wegen seiner Beredsamkeit und Gelehrtheit von allen der Zeit Ge-
schichtschreibern, besonders aber von dem Radevicus Frising. angerühmet wird. <10>

Reinald ward auch hinwiederum mit seinem Gesandtschaftsgesellen [von] dem Grafen Otto
von Wittelsbach aller Orten auf das leutseligste empfangen, und Ihm der unterthänigster blin-
der Gehorsam gegen den kaiserl. Auftrag bezeiget, nur zu Mailand, wo inzwischen der unglückliche Gualvagnus wieder sich heimlich eingeschlichen, und an die Spitze der Mißvergnüg-
ten gestellt hatte, fand Er den unverhofften Widerstand; bei seiner Ankunft allda im Monate
Jänner 1159 wollte Er den Graf Bernard von Lignini als kaiserl. Potesta oder Statthalter vorstellen, der Pöbel aber von Martinus Malaopera, Azo Bultraffus, und Castellinus Armenulphus
angeführet, erweckte hierauf einen so bedenklichen Aufstand, daß Otto noch in der Nacht sich
aus der Stadt geflüchtet, Reinald aber[15] anderten Morgens in dem Baumgarten des Klosters

---

[15] »Ludovic. CAVITELLIUS apud GRAEVIUM Tom.3, col. 1274; Tristan. CALCH. l.cit., col.237; Otto MURENA,
noch deutlicher aber SIRE RAUL "de rebus gestis Friderici" bei dem MURATORI T.6, col.1182, wo er sich also
herausläßt: *In nocte Comes recessit, & mane mirabilis multitudo militum fuit in Broleto Monachorum S. Ambrosii
ante praedictum Cancellarium, pollicentes et volentes stare praecepto Domini Imperatoris, qui illis bona verba dedit
etc.*«

vom heil. Ambrosius, allwo Er seinen Abstand genommen hatte, die allda zusammengelofene Rotte der Soldaten mit guten Worten zu besänftigen Mühe hatte.

Da nun Friderich von diesem Vorgänge durch obged. seine beide Gesandten unterrichtet worden, schwur Er hoch und theur seine Rache gegen die Mailänder auszuführen, und ließ nach verschiedenen fruchtlosen Abladungen auf der Reichsversammlung zu Bononien mit Beifall gesammter Ständen dieselbe am heil. Gründonnerstag öffentlich in die Reichsacht erklären. Tristan. CALCH. col. 237; RADEV. FRISING. 1.3, c.30.

Er konnte aber wegen vielfältigen theils durch Krankheiten, theils durch schier alltägliches Scharmützeln und durch Verabscheidung[16] erlittenen Abgang seines Kriegsheers die förmliche Belagerung der Stadt Mailand noch nicht vornehmen, und mußte sich inzwischen begnügen dieselbe durch enge Einschliessung im Zaum zu halten, bis endlich im Jahre 1161 die auf der Reichsversammlung zu Erford eingewilligte Reichshilfsvölker bei dein Hauptheer der Lombardey angelangt, welches also durch diese sowohl, als vorige Verstärkung auf 100.000 Mann angewachsen, wozu der an die Stelle des obgem[eldeten] zu Pavia verstorbenen <11> Friderich des 2ten neuerwählter Erzbischof von Köln Reinald von Dassele 500 Reuter zugeführt, die sich auch bei der folgenden Belagerung der Stadt Mailand treflich hervorgethan, wie TRISTAN. CALCH. col.250, besonders anrühmet.

Diese förmliche Belagerung fienge also Friderich den 29sten Mai 1161 mit vollem Ernste an, es wäre zu weitläufig alle hiebei vergangene Zufälle, und die von Seiten der Belagerern sowohl, als der Belagerten wechselweis bezeugte Tapferkeit, Muth und Grausamkeit in die Lange zu erzählen, und der hievon nähern Bericht verlangt, findet die Beschreibung aller gründlichen Umständen in den Lodensischen Geschichten des Otton und Acerbus von MORENA, und in den Lebensgeschichten des Kaisers Friderich des 1sten bei SIRE RAUL, welche alle drey Augenzeugen des ganzen Vorgangs gewesen, und deren Schriften der berühmte Lud. A. MURATORIUS dem 6ten Band seines gelehrten Werks eingetragen hat.

Wir wollen auch daher die mannigfaltige Gefahren, denen Friderich der 1ste während dieser Belagerung theils durch unterschobene Meuchelmörder, und durch beigebracht werden wollendes Gift, theils durch seine Tapferkeit ausgestellt gewesen, mit Stillschweigen übergehen,

---

[16] »Die Kriegsverfassung ware zu jenen Zeiten von der heutigen gar unterschieden, die Truppen bestanden damals nicht aus besoldeten Leuten wie heutigen Tages, sondern es zogen die hohe und niedere Reichsvasallen mit ihren Unterthanen selbst mit zu Felde, giengen auch nach verflossener bestimmter Zeit ganz ungehindert nach Haus, wodurch dann mehrmals geschehen, daß bei den Römerzügen die beßte Gelegenheit verabsäumet worden, die erfochtenen Siege zu afterfolgen, da der Feind hergegen sich in wehrhaften Stand zu setzen Zeit gewann etc.«

und jenes von jünger Zeitschreibern aufgebrachtes Mährlein wegen der gräulichen Verschimpfung der Kaiserin Beatrix in seinem Werth und Unwerth lassen, von welcher jedoch kein Morena Meldung gethan, welcher als ein Potesta von Lodi, und also ein geschworner Feind von Mailand sonst keinen Umstand ausgelassen, wodurch die Verbitterung des Kaisers Friderich des 1sten wider die Malländer auch nur wahrscheinlich hätte gerechtfertigt werden können.

So viel aber seye uns zu unserm Zweck hiebei zu erinnern erlaubt, daß die von dem Grafen von Anghiera in ihrem Frevelmuth wider den Kaiser angehetzt und angeführte Mailänder, damit sie alles Unterbleibsel rings um die Stadt zernichten mögten, alle auswendige Gebäude ohne Unterschied geschleifet, auch die anfangs gedachte Kirche zum heil. Eustorgius unter andern zerstöret, und die darinn aufbehaltene Leiber der heil. drey Weisen Königen in die Stadt geflüchtet, und wie wir oben aus der buchstäblichen Erzählung des Mailändischen Schreibers Karl Torre gemeldet, unweit des Pallast in dem Klockenthurn der Stiftskirche zu S. Georgio al Palagio vergraben, welches auch noch näher bezeuget Joan[nes] Ant[onius] CASTILLONAEUS in seinen „Antiquit[ates] Mediol[anenses]“, Sect.1, Fasc.6, beim GRAEVIUS T.3, col.496, der annoch hinzusetzt, daß solches auf Befehl des damaligen Mailändischen Erzbischofs Ubertus Pirovanus veranstaltet worden. <12>

Die tägliche Niederlag deren vom Adel sowohl, als der Bürgerschaft, die zunehmende Hungersnoth in der Stadt, das Heulen der Wittwen, das Geschrei der älterlosen Kindern und Waisen brachten aber zuletzt die Mailänder dorthin im Jahre 1162 anfangs zwar durch drey ihrer vornehmsten Einwohnern Ossa Ossius, dessen Sohn Albert, und Anselm Orto bei dem Kaiser einige Bedingungen vorzuschlagen, demnächst aber den 1sten Marz auf Gnad und Ungnad sich zu ergeben.

Der siegende Friderich befahl hierauf vorzüglich die Stadt Mauern auf vier verschiedenen Plätzen abzuwerfen, auch die Graben so weit auszufüllen, damit das Kriegsherr in vollem Viereck einzumarschiren Raum hätte. Er hiesche auch alle Einwohner ohne Ausnahm aus der Stadt zu schaffen, und liesse den Bürgern von Lodi und Pavia denen geschwornen Erzfeinden der Mailändern sowohl, als auch seinen eigenen Soldaten den freien Willen alle innwendige Gebäude der Stadt auf alle nur ersinnliche Art zu verwüsten, die dann auch dieses von dem Tage ihres Einzugs den 26sten März binnen 5 Tägen so getreulich ausgerichtet, daß kaum der 50ste Theil der Stadt Mailand stehen geblieben: Morena bezeuget selbst, daß, wann er kein Augenzeug gewesen wäre, er niemals sich würde überreden lassen haben, daß solche Verwüstung in zweyen Monaten hätte ausgeführt werden können, man lese nur hierüber in des MURATOR., T.6, ged. MORENA col.1105, den SIRE PAUL, col.254, den Tristan CALCHUS etc.

Die Kirchen und Gotteshäuser wurden jedoch nach Angaben des gelehrten SAXIUS in seinen Anmerkungen über des Morena Geschichten hiebei durch besonder Befehl des Kaisers verschonet, und überzeuget also dieser die jüngern Geschichtschreiber eines groben Irrthums, wann sie angeben, daß in ganz Mailand kein Stein auf dem andern geblieben, und selbiger mit Salz bestreuet worden: diesen Irrthum tadelte allschon voraus Tristanus CALCHUS ein Geschichtschreiber im 15ten Jahrhunderte, und also nicht sehr lang nach der Verwüstung der Stadt Mailand in den Geschichten seines Vaterlands col. 254. mit folgenden Worten: *Mediolani eversio omnium litteris atque linguis famigerata paucis tamen nota fuit, cum nihil amplius ignari homines traderent, quam per septem annos Urbem obsessam, & cum fame, tum proditione captam, proscissam aratro, ac sale etiam, si Diis placet, conspersam traderent etc.*

Alle der Zeit Geschichtschreiber bezeugen inzwischen einhellig, daß alles, was nur der unglückliche Einwohner von seiner Habschaft durch seine Vorsorge oder List vorhin nicht gerettet gehabt, <13> dem meisterlosen Soldaten Preis gegeben worden, Friderich aber sich nur die Kirchenschätze und Heilthümer vorbehalten, die welche Er unter die anwesende Reichsfürsten freigebig vertheilt hat.

Unser kölnische Erzbischof Reinald von Dassele erhielte Anfangs von dem Kaiser die Leiber der sieben Machabayschen Brüdern und ihrer Mutter Salome, jene der heil. Nabor und Felix Märtyrern, und des heil. Apollinaris Bischof von Ravenna nebst andern ansehnlichen Kostbarkeiten.

Da Ihm aber demnächst die Verbergniß verrathen worden, worin vorher gedachtermaßen die Leiber der heil. drey Weisen Königen geflüchtet waren, so gelange es Ihm – weil Er beim Friderich wegen seiner Beredsamkeit alles vermochte – selbige auch für sein Erzstift zu erhalten.

Henrich Bischof zu Lüttich, der von dem Kaiser als Statthalter von Mailand gleich bei der Uebergab eingesetzt worden, wollte zwar mit aller Gewalt diese Schätze für sich behaupten, allein sein gleich hierauf erfolgter Tod machte dieser Strittigkeit ein Ende, und obwohl auch demnächst verschiedene andere Reichsfürsten dessentwegen Bewegungen zu machen anfiengen, so behauptete jedoch unser Reinald nach einmüthigem Zeugnis aller der Zeit Schriebenten diese Schätze für seine Kirche, und SIRE PAUL giebt gar col. 1189 den 10ten Tag des Brachmonats an, an welchem Er bemeld. heil. Leiber von Mailand entführet haben solle.

Wie nun aber diese Reliquien dem Erzbischofe Reinald entdeckt worden, davon schweigen alle der Zeit Geschichtschreiber: Torre sagt zwar, daß es durch ein unsinniges Weib geschehen, ohne aber derselben Name anzugeben, andere wollen behaupten, daß es die Schwester des Grafen von Anghiera gewesen, welche nachdem wirklich 60 von ihrem Geschlechtshause auf

Befehl des Kaisers Friedrich enthauptet worden – wie Ludovicus CAVITELLIUS in seinen Jahrbüchern von Cremona beym GRAEV. T.3, col.1278 anführet – zu Rettung ihres annoch einzig übrig gebliebenen Bruders Gualvagnus oder Vivianus userm Reinald das Verbergnißort dieser Schätzen verrathen habe.

Wer nun das nähere von diesem angebentlichen Umstand, von der gebrauchten List vorbenannten des Gualvagnus oder Vivianus Schwester, von dieser seiner Gefangenschaft in Deutschland, und demnächstigen Entfliehung nach Mailand zu wissen verlangt, wird solches in des CRANZEN Sächsischen Chronik, und in dem Geschichtbuche des Hermann CRUMBACH[17] aus der ehemaligen Gesellschaft Jesu weitläufig ausgeführt finden. <14>

Jedoch irren diejenigen, welche sothane angebentliche Schwester des Grafen von Anghiera als eine Abtißinn des Orts ausgeben, da nach Zeugniß des Carlo TORRE p.131 die Kirche S. Giorgio al Palazzo eine Stifts- und Pfarrkirche ist, die von dem Mailändischen Erzbischöfe Natalis im Jahre 747 aus einem dem heidnischen Abgott Merkurius geweiheten Tempel zu einem Christlichen Gotteshaus verwandelt, und allgemach zu einer Stiftskirche errichtet worden, wo ein zeitlicher Probst Oberpfarrer ist, und zehn Stiftsherren unter sich hat.

[Die Übertragung der Reliquien nach Köln 1162]

Uns solle genug seyn durch obige Erzählung kürzlich erwiesen zu haben, daß unser Erzbischof Reinald die dorthin benannte Mailändische Heilthümer von dem Kaiser Friderich erhalten, von dorten weggeführt[18] und in hiesiges Erzstift überbracht habe.

---

[17] auch: Crombach *1598 † 1680, Verfasser der (ungedruckten) „Annales metropolis Coloniensis".

[18] »Wohl merkwürdig ist es, daß Reinald zur Begleitung sothaner Schätzen aus Wälschland nach Köln einige Geistliche des Augustiner Eremiten-Ordens, welcher kurz vorher in Italien entstanden ware, als Reisgefährten ausersehen gehabt, und also durch diesen Vorfall allsolchen Orden in das Erzstift Köln eingepflanzet habe. Geschichtkündig ist es, daß diese Geistliche um diese Zeit bekanntlich in der Stadt Köln ihren ersten Sitz aufgeschlagen haben, wo sie aber nach Absterben des Erzb. Reinald und dessen Nachfolger Philipp von Heinsberg verschiedenen Widersprüchen und Verfolgungen über ein ganzes Jahrhundert hindurch ausgestellt gewesen, daß sie erst im Jahre 1276 von dem Erzb. Sifrid die Erlaubniß erhalten öffentlich zu predigen und Beicht zu hören, daß sie im Jahre 1280 ein kleines Bethhaus in St. Albanus Pfarr eröffnet, und noch lange Jahren sich in gar engen Wohnungen behelfen gemußt haben, bis endlich im Jahre 1315 der Stadtkölnische Patricius Hermannus de Moguntia, auf seinem Erbgrund den Platz zur Erbauung der Kirche, und im Jahre 1362 Konstantin von Liskirchen jenen zur Erbauung des Klosters gerad gegen über dem Garten des hochadlichen Stifts zu St. Maria in Capitolio eingeräumet, und daß in Ansehen der großen Unbequemlichkeit, so diese beide Gebäude wegen einer in ihrer Mitte liegenden kleinen Gasse hatten, der Stadtrath im Jahre 1510 zuletzt Ihnen die Freiheit ertheilet, oberhalb derselben Gasse einen schwebend und gedeckten Gang, und unterhalb

Vorged. CRUMBACH erzählet in die Länge alle Oerter[19], durch welche bemeldete Schütze von einem Tag zum andern bis auf den Rheinfluß geführet worden, wir wollen uns <15> aber hierum nicht aufhalten, sondern kurz hiebei erinnern, daß Reinald dieselbe dem kölnischen Domprost und seinem damaligen Statthalter auch demnächstigen Regierungsfolger Philipp von Heinsberg zu Remagen einem in den urältesten Geschichten unter dem Namen Regiomagus und Rigomagus bekannten und an dem linken Rheinufer gelegenen Flecken überhändiget habe.

Zum ewigen Andenken dieses glücklichen Vorfalls ließe Er auch allda die Reliquien des heil. Apollinaris Bischof von Ravenna in die von seinem Vorfahrer Friderich dem 1sten auf dem anliegenden Berge im Jahre 1121 erbauten Kapelle absetzen, derwelcher Ort dann von diesen Zeiten an der Apollinaris-Berg genannt zu werden angefangen hat.

Reinald kehrte hierauf in aller Eil zu dem Kaiser nach Wälschland zurück, Philipp von Heinsberg aber überführte die übrige Heilthümer sorglich nach Köln, allwo Er solche den 23ten Julius mit besonderm Pracht unter Begleitung der gesammter Geistlichkeit einbringen, und durch den Bischof von Osnabrück Philipp von Catzenellenbogen in die damalige alte und von dem Erzbischof Hildebald im 8ten Jahrhundert erbauten Domkirche beisetzen liesse[20].

---

derselben einen unterirdischen gewölbten Gang zur Verbindung des Klosters mit der Kirche zu erbauen: *Vid.* GELEN[IUS] de Magnit. Colon. L.3, Sint 44, p.487 *ex fastis & traditionibus ejusdem Monasterii.* «

[19] »Aller Orten, wo man diese Schätze durchführte, oder auch damit Nachtlager hielte, wurden ausserordentliche Feierlichkeiten mit Klockenläuten, Aufzügen, und sonst angestellt; ja die Traditiones geben, daß alle Einwohner und Häuser, wo gedachte Heilthümer etliche Tage über gerastet, von Gott mit wunderbarem Segen wie das Haus Obed-Edom nach Aussag des 1. Buchs Samuels im 6. Kapit. und im 1. Buch der Chronik am 16. Kapit. von der Bundlade Aufenthalt überschüttet worden: die Unkatholischen führen solche Traditiones von Aeltern auf Kindern und Kindeskinder noch selbsten in ihren geschichten und Jahrbüchern an: Unter andern berichtet noch in jüngern Zeiten der herzogl. Wirtenbergische Archivarius Godf. Sattler in seinen Geschichten und Landsbeschreibungen vom Herzogthum Wirtenberg, daß in der Stadt Wiblingen oder Waiblingen – allwo auch der Name von den Gibellinen oder Wiebelinger der kaiserl. gegen den Pabst gesinnten entstanden seyn solle – das Haus noch heut zu Tage in besondern Ehren gehalten und gezeigt werde, allwo die Leiber der heil. drey Weisen Königen etliche Tage lang gerastet hätten. «

[20] »Allhier wird es nicht undienlich seyn anzumerken, daß die dermalige Erz- und Domkirche die drite seye, so zeitlichen Bischöfen und Erzbischöfen von Köln als eine Hauptkirche in ged. Stadt gedienet: dann ohne jener Kapelle zu gedenken, die der Bischof Maternus ausserhalb der alten Stadt im Graben vor dem der Göttin Venus von Paphos geheiligtem Thor in der Gegend erbauet, wo dermalen die Stiftskirche zu St. Andreas und die zum heil. Matthias benannte Kapelle stehet, welche letztere bis auf heutige Zeiten den Zunamen ad antiquum summum beibehaltet, so hat ged. Maternus, da er die von Ihm zum Christenthum bekehrte Gemeinde in der Stadt Köln täglich anwachsen sahe, zu Ehren Christi und Maria im Jahre 94 jene Kirche erbauet, so heutigen Tags zu St. Cäcilia genannt wird, diewelche auch bis auf die Zeiten des Kaisers Karls des Großen

Daß diese Schätze demnächst dem Erzbischöfe Reinald sowohl, als dem kölnischen Erz-stifte verschiedene Neider und Feinde zugezogen, belehren uns alle Geschichten der nämlichen Zeiten, und fienge im Jahre 1164 der Pfalzgraf bei Rhein Konrad des Kaisers Friderich des 1sten leiblicher Bruder – während dem daß Reinald sich bei dem Kaiser in der Lombardey aufhielte – in Gesellschaft Ludwig Landgrafs von Thüringen und Friderichs Herzogs von Schwaben das Erzstift mit Feuer und Schwerd zu überziehen an, dem aber obgem. Philipp von Heinsberg nach eingeschickten Fehdebriefen mit einer Armee von 125.000 Mann entgegen zoge, und da Er Ihn bei Andernach über 12 Tage umsonst erwartet, hatte Er das Glück durch eine bei <16> jenen Zeiten schier unerhörte Macht sowohl, als jenes an dem linken Rheinufer wieder erbautes festes Schloß Rheineck[21] das kölnische Erzstift in Sicherheit zu erhalten, bis der Kaiser Friderich nach seiner Rückkunft in Deutschland auf dem zu Bamberg den 8ten Tag nach Martini selbigen Jahrs 1164 gehaltenen Reichstag den Frieden zwischen Reinalden und erwähnten Pfalzgrafen Konrad gestiftet.

Reinald hatte sich zwar vorgenommen, für die Ihm so theure Heilthümer eine herrliche Behaltniß machen zu lassen, auch wirklich angefangen zu dem damaligen Gebäude des alten Doms zwey Hauptthürme setzen zu lassen, Er mußte aber sein Vorhaben unterbrechen, und im Jahre 1166 dem Kaiser Friderich zum drittenmal in Italien wiewohl wider Willen nachfol-gen, allwo Er bei der Belagerung Rom den 14ten August selbigen Jahrs an der Pest verstorben.

Dessen Leichnam aber ward von dorten nach Köln überbracht, und Anfangs in dem alten Dom begraben, demnächst aber in die neue von dem Erzbischofe Konrad von Hochsteden gebaute jetzige Domkirche übersetzet, allwo Er in der kleinen Kapelle Unser Lieben Frauen zu Füssen jener Marianischen Bildsäule ruhet, welche Er nach Zeugnis des berühmten GELENIUS L[iber] 3, Sint[agma] I, p. 247[22], unter andern Schätzen von Mailand mitgebracht hatte.

---

immer die Hauptkirche der Stadt verblieben, da dann durch dessen Vorschub der Erzbischof Hildeboldus in der Gegend der alten Kölner Burg eine neue Haupt- und Domkirche angelegt, die von seinem nachfolger Wilibert im Jahre 873 vollführet und im jahre 1248 durch einen jämmerlichen Barnd eingeäschert worden ist. *Vid.* GELEN. De Magnit. Colon. p. 230 etc. sqq. «

[21] »Dieses Schloß oder Burg, wovon in den vorigen Zeiten eine besondere gräfliche Familie den Namen als Burg-grafen von Rheineck geführet, ware schon in den ältesten Zeiten als eine sogenannte Rheinwarthe und Veste gehalten, wovon der Rheinstrom sowol auf- als abwärts geschützet werden konnte, durch den Kaiser Konrad den 2ten aber im Jahre 1150 zu der Zeit geschleift worden, da Er Arnold von Weda seinen Kanzler auf den Erzbischöflichen Stuhl zu Köln gesetzet hatte. *Vid.* OTTO FRISING. p.596. «

[22] „*Quae proxime sequitur Capella B. M. Virginis, multa praeclara monumenta exhibet, imprimis altum fastigium culmen sub quo lignea B. M. Virginis statua, eaque miraculosa colitur, hanc Mediolanensem dicimus quod eam ex Italia*

Philipp von Heinsberg dessen Nachfolger brachte es aber dahin, daß im Jahre 1170 oftbem. Heilthümer in einen ungemeinen kostbaren Kasten übersetzt wurden, der ausser dem geistlichen Betracht sowohl wegen der überaus prächtigen Arbeit in Gold, Silber und Schmelzwerk, als auch verschiedenen Edelgesteinen von jedem Kenner besonders hochgeschätzet wird, wovon wir die Beschreibung in diesen Blättern vornehmen.

Der kölnische Erzbischof Konrad von Hochsteden, der sich um das Erzstift Köln durch verschiedene Wohlthaten besonders verdient gemacht, hatte auch im Sinn in der von Ihm angelegten neuen Domkirche diesen Heilthümern eine besondere Grabstätte aufzurichten, wofern Er durch unvorhergesehene Weitläuftigkeit des Werkes sowohl, als die während seiner 24jährigen <17> Regierung bei der Entsetzung Friderich des 2ten im Jahre 1245 abwechselnden kriegerischen Zeiten, und seinem im Jahre 1261 den 29ten Septemb. erfolgten Tod darinn nicht verstöret worden wäre.

Zu diesem Gebäude – dem, wenn es zu seiner Vollkommenheit gekommen wäre, wohl kein gleiches zu finden seyn dörfte – legte Er am Vorabend des Himmelfahrtsfest Mariä im Jahre 1248 den ersten Stein, die Liebhaber der Baukunst und Alterthums-Würdigkeiten finden den verkürzten Grundriß dieses Wundergebäudes und den Aufzug beider vorgenommenen Klockenthürmen hiebei in dem Kupferblatt sub N.1 und 2.

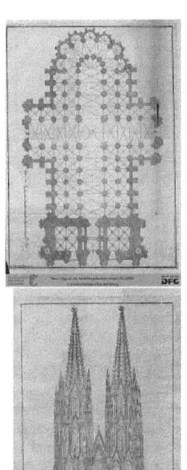

siehe Tafel 1

siehe Tafel 2

Nach Anweisung des erstern hat das ganze Gebäude, so in der Form eines Kreuzes angelegt ist, 385 Werkschuhe in der Länge, und 160 in der Breite.

---

attulerit Reinaldus Archepiscopus Coloniensis operae in subigendo Mediolano praestitae praemium: dicitur ea Mediolani in Basilica S. Celsi fuisse …" (Gelenius, 1645, S. 247).

Das hohe Chor hat 150 Werkschuhe in der Höhe, die beiden Nebengänge aber sammt übrigen Gewölbern sind etwas tiefer.

Zu bewundern ist es nicht, warum das Gebäude so langsam fortgesetzt, auch endlich gar in Stecken gerathen, dann nebst dem daß selbiges unsäglich weitwendig und kostbar angelegt worden, wurde desselben Fortsetzung unter dem Nachfolger Konrad von Hochsteden dem Engelbert dem 2ten von Falkenburg gestollet, da selbiger nämlich im Jahre 1263 und also im 3ten Jahre seiner Regierung nach der bekannten Aufruhr der Stadtkölnischen Bürgern aus Köln mit seinem ganzen Hofstaat hinweggezogen, und sein Hoflager zuerst in Bonn aufgeschlagen, demnächst im Jahre 1267 von Wilhelm Graf von Jülich – so der Kölner Heerführer ware – bei der unweit Marienholz auf der Wullesenner Heiden zwischen Lechenich und Zülpich vorgefallenen unglücklichen Schlacht aufgehoben, in das 4te Jahr auf dein Schloß Nideggen gefangen gesessen, endlich aber durch Vermittelung Werners von Maynz und Henrichs des 3ten von Trier freigelassen worden, und letztlich zu Bonn den 15ten November 1275 verstorben, allwo Er in der Archidiakonal-Stiftskirche begraben liegt.

Sifrid von Westerburg ged. Engelberts des 2ten Nachfolger ware auch nicht viel glücklicher, und da derselbe während seiner Regierung mit Adolph Grafen von Berg sowohl, als der Stadt Köln beständig in Haaren gelegen, und jetztbesagte Stadt immer in dem Kirchenbann verhaftet ware, so bliebe der Bau der hohen Domkirche inzwischen still liegen.

Wichbold von Holte, der gleich hierauf gefolget, und durch Vermittelung obged. Grafen Wilhelm von Jülich und Adolph von Berg mit der Stadt Köln versöhnet worden, auch <18> von dem Pabste Bonifacius VIII. die Auflösung des Kirchenbanns für selbige im Jahre 1298 ausgewirket hatte, mag zwar – wie einige vorgeben – den Bau hinwiederum in Gang gebracht haben, inzwischen aber ist so viel sicher, daß Er nicht viel hauptsächliches hierunter hat ausrichten können, indem Er mit dem Grafen Adolph von Marck in einem Krieg verwickelt, und im 7ten Jahre seiner Regierung im Jahre 1303 unweit Soest verstorben.

Henrich aus dem Hause Virneburg, welcher in der unruhigen Wahl gegen Reinald von Westerburg und Wilhelm Grafen von Jülich nach dieses letztern gleich hierauf erfolgten Tod die Oberhand beibehalten, und nach der vom Pabste Klemens V. im Jahre 1305 zu Lion erhaltenen Bestätigung auf den Erzbischöflichen Stuhl zu Köln gesetzet worden, hatte endlich das Vergnügen den ofterwähnten Bau der jetzigen Erz- und Domkirche in seiner Stadt Köln während seiner Regierung so weit zu bringen, daß Er im Jahre 1320 den hohen Chor an eben jenem Tag den 14ten August – wo sein Vorfahrer Konrad vor 128 Jahren den ersten Stein gelegt gehabt – zum öffentlichen Gottesdienst eröffnete, im Jahre 1322 aber denselben mit den umliegenden kleinen Kapellen am 25sten Sept. mit besonderm Pomp einweihete, und in folgenden Jahre

1323 den 27sten Sept. ofterwähnte Leiber der heiligen drey Weisen Königen aus der alten Domkirche in die zu ihrer Aufbehaltung einsweilen gewidmete Kapelle hinterhalb dem Chor der jetzigen Domkirche mit ausserordentlichen Pracht einbrachte.

Wir sagen wohlbedachtlich, daß sothane Kapelle einsweilen zur Aufbehaltung oftged. heil. Leiber gewidmet gewesen seye, dann nach Anweisung des Original-Kirchengrundriß hatte Konrad von Hochsteten das mittlere Gewölb gleich ausserhalb des hohen Chors zur ewigen Ruhestätte derselben ausersehen und angewiesen.

Besagte Kapelle aber ware in erstern Zeiten nach Zeugniß CROMBACHS fol. 800 oberhalb sowohl, als rings umher mit eisernen Gegittern umgeben und bewahret, bis endlich der Kurfürst Maximilian Henrich aus dem Durchl. Hause Bayern solche in eine andere Verfassung gesetzet, mit dem prächtigsten Marmor ausgezieret, auch ein eigenes viereckigtes Gebäude von kostbarem Marmor aufrichten lasten, in welchem dermalen sothane Leiber der heiligen drey Weisen Königen in einem besonders prächtigen erhabenen Sarg aufbehalten werden, die neben einander jedoch jeder in besonderm Fache mit gegen dem hohen Choraltar gewendeten Haupt dergestalt ausgestrecktet liegen, als ob sie den eingefleischten Gott anbethen wollten. Siehe das Kupferblatt sub N.3.

Tafel 3

<19>

Der Hintertheil dieses Denkmals stellet in erhobener kunstreichen Arbeit von weissem Marmor die ganze Feierlichkeit vor, mit welcher die theure von Reinald aus Mailand für das Erzstift erworbene Heilthümer von gestimmter Geistlichkeit in die Stadt gebracht werden.

In dem Vordertheile aber sind zwischen vier canellirten Säulen von Marmor zwey große gegitterte Fenster angebracht, durch welche die Schätze von jedem Vorbeigehenden gesehen werden können.

In der viereckigten Tafel des Gipfels ist die von dem Evangelist Matthaeus c. 2, v. 1 bewährte Geschichte hinwiederum in erhobener Arbeit von weissem Marmor vorgestellt, wie die heil. Weisen Könige den neugebohrnen Heiland anbethen, und Ihm die Geschänke opfern.

In der obern Spitze pranget unter einem vergoldeten schwebenden Stern das kurfürstl. Wapen, und jenes des hochw. Domkapitels wird von zwey rastenden Sinnbildern zu beiden Seiten gehalten.

In dem Band des Hauptgesimses sind folgende lateinische Versen zu lesen:

Corpora Sanctorum loculus tenet iste Magorum,

Ex his sublatum nihil est alibive locatum,

Sunt juncti Felix, nabor, Gregorius istis.

D. i. dieser Ort enthaltet die Leiber der drey Weisen, von denenselben ist nicht das mindeste weggenommen, noch anderwärts verbracht: diesen dreyen sind zugesellet Felix, Nabor, und Gregor.

Zu Verständniß des letzten Vers ist anzumerken, daß an dem Kasten, worinn die Leiber der drey Weisen Königen ruhen, und welcher 7 ¼ Werkschuhe in der Länge, 3 ¼ in der Breite, und in allem 8 in der Höhe hat, ein zweyter gedachter Gaden angebracht worden, worinn die Körper der heil. Märtyrer Nabor und Felix eingeschlossen, welche nach ihrer unter dem heidnischen Kaiser Maximian zu Lodi ausgestandenen Marter von Sabina einer Christlichen Matron einbalsamirt, und Anfangs in ihrem Mayerhof beigesetzt und verborgen, demnächst aber nach Mailand gebracht, von dannen aber durch Reinald von Dassele mit übrigen Heilthümern nach Köln überführt worden.

In einem noch höhern Gefach aber ruhen die Gebeine des Martyres Gregor, der zugleicher Zeit unter ged. Maximian zu Spoleto in Thüschien die Marterkron erhalten, und allda bei der steinernen Brücke an dem sogenannten Blutbach nächst den Stadt-Mauern bis auf die Zeiten Otton IV. begraben gelegen, der sie folgends nach Köln bringen, und zuvor gem. beyden Blutzeugen beisetzen lassen. *Vid.* GELEN. p. 234. <20>

Tafel 4

Tabula 4

Besagten Kastens Vordertheil unterwärts ist mit dem feinsten Gold überzogen, und mit Bildern von gleichem Metall ausgezieret, auch in dem untern Abschnitt in eine dreyfache Bogenstellung nach altem gothischen Geschmack abgetheilet: in deren mittlern die Jungfräuliche Mutter auf einem gethürmten Lehn- oder Armbsessel sitzet, ihren eingebohrnen Sohn auf dem Schooß habend, mit der Ueberschrift:

Sancta Maria Mater Domini.

In dem Bogenlaube zur rechten Hand sehet man die drey Weisen Könige mit den Kronen auf dem Haupt, verschiedene Geschänkkästchen in Händen habend, der erstere liegt auf dem linken Knie, die beide andere stehen aber aufrecht; oberhalb in dem platten Ranft der Bögen lieset man:

Caspar, Melchior, Balthasar

Hinterhalb dieser dreyen Figuren stehet eine Vierte ein Geschänkkästchen tragend, mit der Ueberschrift *Otto Rex*: woraus denn zu schließen, daß dieser ganze Vordertheil zu Zeiten des Erzbischofs Adolph von Altena von Otton IV. gleich nach seiner Wahl zu Köln im Jahre 1198 verändert und geschenket worden seye.

In dem Bogenlaube linker Hand wird die Tauf Christi im Jordan vorgestellt, mit der abgebrochenen Ueberschrift: *Hic Baptiz … tificatur.*

Oberhalb des ganzen vordern Bogengestells hat man eine gegitterte Oeffnung angebracht, wodurch man die Häupter der Weisen Königen sehen kann.

Die auf denselben prangende Kronen sind jede sechs Pfund an Gold schwer, und mit den kostbarsten Perlen und jede mit einer *Aigrette*[23] von Diamanten – so noch vor kurzen Jahren von einem kölnischen Domkapitular darinn verehret worden sind – ausgezieret.

Die Oeffnung selbst aber wird mit jenem auf dem Kupferblatt Tab. 5 durch den Buchstab A bezeichnetem Deckel beschlossen und bewahret; auf diesem Deckel, welcher mit allerhand kostbaren Perlen, Edelgesteinen und Antiken besetzet ist, fallen vornämlich in die Augen ein

---

[23] Ringförmiger Kopfschmuck.

3 ½ Zoll langer, und 2 ¾ breiter eyformiger Topaß nebst einem besonders schönen Onychstein *Onyx Camehuia*, sonst auch von den Kunstverständigen Camée genannt, von hochgeschätztem alten erhobenem Schnitzwerk, denn einem blutfarbigen Jaspis, wie selbige in den Kupferblättern sub N.121 und 155 in ihrer Größe zu sehen sind. <21>

In dem Oberfach dieses Vordertheils ist die Figur des Allerhöchsten Richters vorgestellt, mit der Beischrift *Judex*: m dem Ranft des Bogenlaubes lieset man folgende Versen:

Lancea, Spina, Calix, Crux, Spongia Signa dolorum,

Quos tulit iste dolens, qui Judex est meritorum.

Oberhalb gemeld. Bogenlaubes sind in zwey Ründungen die Erzengel Gabriel und Raphael beigebracht mit der Innschrift

Gabriel Fortitudo Dei, Raphael medicina Dei.

Das äussere Bandwerk dieses vordern Gipfels oberhalb enthaltet folgende auf dem Allerhöchsten Richter der Lebendigen und Todten deutende Versen:

Advenio dignos salvare, ferire malignos,

Ergo boni metite felicia gaudia vitae,

Ite rei, vor ira Dei transmittit in ignem,

Quisque metit, quod promeruit, sub judice justo.

Zwischen jetzgem. Ründungen sehet man annoch eine dritte etwa größere, mit der Umschrift:

In Cruce vita mori voluit, mors ut moreretur.

Woraus dann zu schließen, daß in dieser Ründung vorhin ein Kreuz eingebracht gewesen seyn müße, dermal befindet sich allda ein in Gold gefaßter Stern von puren Brillanten, so von Ferdinand Freyherr von Morian Herr zu Nordkirchen, Davensberg und Kapellen des Hochstifts Münster Erbmarschall im Jahre 1684 hiehin verehret worden. Noch etwa höher aber ein Orientalischer Topaß in der Größe eines starken Taubeneyes, so von Kennern über die Maassen hochgeschätzet wird.

Tafel 5
(„Salomon-
Seite")

Tabula 5

Auf der rechten Seite des Kastens und im untern Fache sehet man in einem siebenfachen Bogenlaube die Figur des Königs Salomon in der Mitte, zur linken Hand jene der Propheten Ezechiel, Habacuc, und des hohen Priesters Aaron, rechts aber jene der Propheten Joel, Naum, und Amos, welcher letzterer ein offenes Buch in der Hand hat, worinn folgende Worte geschrieben, *Verbum Domini; quod factum est ad Ozee etc.*

Oberhalb jeder Säule, worauf das Bogenwerk rastet, stehen zur Verbindung anstatt eines sogenannten Kämpfers oder Imposta verschiedene Tugenden in erhobenen Brustbildern vorgestellet, und zwar auf dieser rechten Seiten die Freigebigkeit, die Mildigkeit, die Vorsichtigkeit, die Barmherzigkeit, die Gütigkeit, die Weisheit, die Einigkeit und Lauterkeit, jede mit ihren Aufschriften angedeutet. <22>

Der schräge Deckel des untern Kastens auf dieser rechten Seite enthaltet in neun länglicht runden Abtheilungen verschiedene Geschichte aus dem Leben Unseres Heilands und seinem heiligen Evangelium; drey und drey Abtheilungen sind in einem viereckigten Band abgeschlossen, worauf folgende alte Versen eingetragen, und zwar:

1 *Intus munda, foris caro clausa sit Aula decoris :*
Ad me venisti Rosa Coeli, Cellula Christi :
Caede quid in pueris Christum Rex invide quaeris?
Inflammat pie mens ... dieser Vers ist mangelhaft.

2 *Simon & Petre venite ad me ...* ist wiederum mangelhaft.
Vulnera tange Thoma fidei, ne desit a Roma :
Flet fratrum caetus, scandit ad Coelos.

3 *Dum Dominum cernit Petrus, intrat aquas, mare spernit,*
Quem quaerit, non hic reperit pia mens mulierum
Surrexit, vivit, Galileam Christus adivit.

In dem zweyten Fache des Kastens rechter Seits sind wiederum in einem Bogenlaube von sieben Abtheilungen die Bilder der heiligen Aposteln Petrus, Andreas, Jakobus, Johannes, Judas Thaddäus, und Thomas, in der Mitte aber ein Seraphin mit der Ueberschrift *Seraphin ardens Charitate.*

Oberhalb bemeld. Bildern der Aposteln sind in dem Bandwerk der Bogen folgende auf ein jedes deutende alte Versen:

1. Fert Petrus insigne Crucis signum, in cruce passus.

2. Funibus extensum tulit Andream Crucis ara.

3. Transmisit coelo Jacobum tua pertica fullo.

4. Vas olei fervens evasit Virgo Joannes.

5. Mundi pressuris Jacobum rapit ista securis.

6. Thomas ense cadit, sed victor ad aethera vadit.

In der äußersten Einfassung dieser ganzen Wändung ließt man nachfolgende Versen:

Judex, quem nulla queunt secreta latere

Poenas indignis infert, dat praemia dignis <23>

Hos Dominus nobis semen Patresque reliquit,

Ne mutos faceret nos asperitas vitiorum.

Hi torrendo minis, miris radiando, pluendo

Doctrinis, mundi sordes lavere profanas.

Der oberste Deckel des Kastens auf dieser rechten Seite hat nochmals drey länglichte Abtheilungen, und in diesen auf einem dreyfachen Bogenlaube allerhand auf die künftige Auferstehung des Fleisches abzielende Sinnbilder, in denen Ranfen aber folgende Versen:

1.

In cinerem caro versa prius, mirabile factu!

Hic redit in carnem, sic credat quisque fidelis,

Qui se privari non vult a luce perenni.

2.

Iudicii memores nos haec monet esse statera,

Quae satis, imo, nimis erit in librando severa,

Nec data tunc poterit flecti sententia vera.

3.

Hic caro de cinere putri reparanda docetur,

Articulus fidei patet hic, quem siquis inanem

Esse putat, mortis tamen ad tormenta resurget.

Tafel 6
("David-
Seite")

Tabula 6

Auf der linken Seite des Kastens sehet man ebenermaßen in einem siebenfachen Bogenlaube den König David in der Mitte, und rechter Hand den Prophet Abdias mit der Beischrift: *Verbum Domini, quod factum est ad Michaeam.* — Den Prophet Jonas mit der Beischrift: *Si propter me orta est haec tempestas, mittite me in mare.* — Den Moises mit einem Buch in der Hand, worinn geschrieben stehet: *In Principio creavit Deus Coelum & Terram etc.*

Linker Hand den Prophet Daniel mit der Beischrift: *Cum venerit Sanctus Sanctorum cessabit Unctio.* — Den Joachim und zuletzt den Prophet Jeremias mit der Beischrift: *Visio Abdiae: haec dicit Dominus etc.*

Oberhalb jeder Säule stehen nochmals anstatt eines Kämpfers oder Imposta die Sinnbilder der übrigen Haupttugenden, als die Sparsamkeit, die Keuschheit, Langmüthigkeit, Demuth, Gehorsam, Mäßigkeit und Friede. <24>

Der schräge Deckel des untern Fachs auf der linken Seite enthaltet gleichermaßen verschiedene Geheimnissen des Evangeliums in neun gleichen Abtheilungen, m dem vierecktigten Band aber dieser Abtheilung sind die Versen durch Unachtsamkeit und Unverstand des Arbeiters, so diesen Kasten gesaubert haben mag, dergestalt durch einander geworfen, daß nichts rechtes heraus zu bringen ist.

Im zweyten Fache dieser linken Seite sind abermal in einem siebenfachen Bogenlaube die Bilder der heiligen Aposteln Paulus, Matthäus, Bartholomäus, Jakobus, Simon, Philippus, und in der Mitte ein Cherubin mit der Ueberschrift: *Cherubin plenitudo scientiae.*

Oberhalb der Bildnissen der Aposteln aber ließt man nachfolgende alte Versen:

1. *Ense cadens Paulus necis in signum tente ensem.*
2. *Mathaeum mensis coelestibus addidit ensis.*
3. *Constantis fidei curis est nota Bartholomaei.*
4. *Ense cruentatus Jacobu major gerit ensem.*
5. *Morte Crucis Philippe trucis superas scelus hostis.*

In der äussern Einfassung dieses Deckels sind die Versen wieder mangelhaft.

Der obere schräge Deckel dieser linken Seite hat ebenfalls drey länglichte in dreyfachem Bogenlaube vertheilte Abtheilungen mit allerhand auf das letztere allgemeine Gericht deutenden Sinnbilder, der äussere Ranf aber ist auch mit Versen angefüllt, die ebenermassen fehlerhaft sind.

Tafel 7

Tabula 7

Der Hintertheil des Kastens im Unterfache ist in zwey gespitzte Gipfel, und in eine dreyfache Bogenstellung eingetheilet, in der Mitte ist die Bildnisse des Propheten Jeremias die verkürzte Beischrift in Händen habend: *Vere languores nostros ipse portavit, cujus livore sanati sumus.*

Rechter Hand wird das Bildniß Unseres Heilands in der Geißlung vorgestellt, und oberhalb desselben in einer dreyfach verkürzten Ründung ein Bildniß mit der Umschrift: *Patientia*, die Geduld: zwey traurende Engel zur Seite habend.

In dem Bogenlaube linker Hand sehet man das Bildniß des am Kreuz hangenden Jesus mit Maria und Joannes zur Seite.

In dem Band des mittelern Bodens ließt man: *Mor. Mor. Mor. Mor. Mor. Mor.* Wir überlassen die Auslegung hievon demjenigen, der mehrere Känntniß davon zu habe glaubt. <25>

In den dreyen verkürzten Rundungen sind wieder drey traurende Engel angebracht, und jener in der Mitte tragt die Ueberschrift: *Jesus Nazarenus Rex Judaeorum.*

In dem Band des zweyfachen Gipfels sind nachfolgende Versen zu lesen:

Victima vera Jesus, consputus, verbere caesus,

In Cruce pendebat, solvens, quae non rapiebat.

In dem Bruch oder der Rinne des zweyfachen Gipfels stehet das Brustbildniß des Erzbischofs Reinald mit einer altfränkischen Bischofshaube bedecket, und der Umschrift: *Regum translator Reinaldus Episcopus Archi.*

Der obere Aussatz des Hintertheils besteht in einem einfach gespitzten Gipfel, welcher unterhalb in eine dreyfache Bogenstellung eingetheilet, wo in der Mitte das Bildniß des allerhöchsten Richters vorgestellt wird, wie Er die Belohnungen austheilet, mit der Umschrift: *Sumite pro meritis Regni diadema perennis.*

Links und rechts sind zwey Bildnisse, so Kriegshelden vorstellen mit der Aufschrift: *S. Nabor, S. Felix.*

Oberhalb der Bogenstellung sind nochmals drey gebrochene Rundungen mit den Sinnbildern des Glaubens, der Hoffnung, und der Liebe.

In den äußersten Bänden des gespitzten Gipfels ließt man letztlich jene Versen:

Vera fides, perfectus amor, spes firma fuere

Invia Martirio quae Regna poli metuere.

His tribus armatus Martir milesque beatus

Frater Naboris pariter cum Fratre laboris

Possidet in Coelis felicia praemia felix.

Ansonsten ist dieser Kasten mit schier unzählbaren theils geschliffenen theils ungeschliffenen Smaragden, Rubinen, Hyacinten, Saphyren, Ametysden, Berillen, Topazen, Türkisen auch andern Edelgesteinen sowohl, als verschiedenen jedoch beträchtlichen Bergflüssen aller Orten auf den alten doch edelsten Geschmack verzieret, darneben aber werden von Kännern und Alterthumsforschern zwey hundert zwanzig sechs Stücke der sogenannten Antiquen oder dichten Edelgesteinen von allerhand Gattungen und theils erhobenen, theils vertieften Schnitzarbeit bewundert und hochgeschätzet; diewelche des hohen Erzdomstifts Köln Kapitularherr S. T. Ferdinand Eugen von Franken-Siersdorf mit besonder Fleiß abzudrücken sich die Mühe gegeben, aus gnädigstem Befehle Jhro itzt glorreich regierenden kurfürstl. Gnaden Maximilian Friderich Unseres theuresten Landesfürsten und zweyten Erzstiftkölnischen Augustens in Kupfer gebracht worden um von Kännern und Liebhabern mit mehrerer Gemächlichkeit und Raum bewundert werden zu können, des Endes dann dieselbige in fünf Kupfertafeln abgetheilt worden: und zwar enthaltet. <26>

Tabula 8

Die erste Abtheilung

Nr. 1 - 54

Nro.	stellet vor	Gattung der Steinen
1	Hadrianus und Sabina	Sardonyx
2	Der siegende Mars: andere sehen das Bild für einen bewaffneten Soldaten an	Carneole
3	Der wachsende Mond mit dem Venus- oder Morgenstern	Carneole
4	Zwey ruhende Kühe, oder die verwandelte Io, welche der Argus unter seiner Heerde mit anderen hütete[24]	Camée
5	Ein Kopf die Pallas und auch sonst *Dea Roma* vorstellend[25]	Carneole
6	Daß Brustbild eines Kaisers, etwas beschädiget	Camée
7	Die jagende Diana	Carneole
8	Ein *vinitor* oder Weingärtner mit dem Trauben in der linken Hand, und in der rechten mit der Happ oder Krummenmesser: sein Name stehet dabei mit den Anfangsbuchstaben M.P.S.	Camée
9	Eine sogenannte Rhodische Rose, wie auf den Münzen, von dieser Insel mit der Aufschrift POΔIZIN und auf Consularmünzen der *Familiae Plautiae* vorkommt: die Insel Rhodus aber ware der Sonne zugeeignet	Amethyste
10	Jupiter Serapis, mit zwey Widderhörner und Stralen auf dem Haupt, auf einem *Cippo* oder eckigten Fußgestelle, worunter ein Adler mit	Sardonyx

---

[24] »Könnte auch wohl Isis und Osiris vorstellen sollen. «

[25] »Einige Liebhaber wollen dieses Bild als ein Abraxas ansehen, denen ich aber nicht beistimmen kann, weil ich hiervon gar keine Anmahnung finde: man bemerke nur, was wir hierüber bei N.11 anzeigen werden.«

ausgebreiteten Flügeln links zu stehet, rechts aber in die Höhe zuruckschauet, wird von zwey Siegesgöttinnen, die auf Füllhörner stehen, gekrönet[26]

11 Eine griechische Inschrift, welche nach Meinung einiger sagen solle, ich verbiete euch zu kommen. Mir aber will das † unterhalb etwas Christliches andeuten, und sollte ich vielmehr diese Umschrift als ein Abraxas[27] ansehen   Carneole

<27>

12 Ein Cupido mit einem Zweifelsknotten in der linken Hand, und in der rechten ein Tuch haltend   Carneole

13 Ein Ackersmann oder Hirt   Carneole

14 Die auf einem Baumstumpfe oder Felsen sitzende Venus eine Taube zu Füssen habend, oberhalb ist der wachsende Mond vorgestellt   Carneole

15 Iocus oder Comus, der Gott der Scherzen und Komödien oder Lustspielen, so vor ihm, eine Puppe tanzen macht, hinter welchen der Gott Priapus auf einem *Cippo* oder eckigten Fußgestelle stehet, unterhalb sehet man eine alte Urn[28]   Carneole

---

[26] »Der Kaiser Hadrianus liesse sich auch also vorstellen entweder allein als Serapis mit dem *Modio* oder Kornscheffel auf dem Haupt und dem Adler unter seinem Hals, oder auch mit seiner Sabina unter Gestalt der Isis mit einer Lotusblume auf dem Haupt. «

[27] »Abraxas, so auch von andern Abraxax geschrieben wird, ware der Name, so der berühmte Ketzer Basilides im Zweyten Christlichen Jahrhundert erfunden, und Gott zugelegt hatte, es gehöret in unser Fach nicht von dessen Irrlehre dahier zu sprechen, Er hatte einen sehr großen Anhang in Aegypten, und damit seine(s) Glaubensgenossen sich unter einander kenneten, hatten sie unter ihnen gewisse Merk- und Kennzeichen, welche ihnen die Gastfreiheit versicherten nach Art deren Römer, unter welchen auch dergleichen sogenannte *Tesserae Hospitalitatis* im Gebrauche waren: auf solchen Amuletten, so meistenteils am Halse getragen wurden, ware entweder das Wort *Abraxas* oder sonst allerhand griechisch, koptisch und hebräische Schriftzüge, so keine Bedeutung als für sie und unter ihnen hatten, und worinn man erkennen konnte, zu welchem Glauben derjenige sich bekannte, so solche Zeichen truge. Zuweilen waren dergleichen Schriftzüge zur Seite ein- oder andern Chimärischen Bildniß oder Figur gesetztet: man sehe hierüber den gelehrten MONTFAUCON in seinen Antiquit. Rom. T.4, und den berühmten CAYLUS in seinen Antiquit. Aegypt. T.2, p. 39 sqq. «

[28] »Es könnte auch Diomedes seyn, wie selbiger das Palladium betrachtet, dergleichen der berühmte Bernard PICARD und Philipp von STOSCH in ihren *Gemmis antiquis literatis* Tab.29, p.38 & 39, einen Edelgestein einrucken, so der ehemalige Parlamentsrath zu Paris Herr Sevin in seiner Sammlung gehabt haben, und woraus der Name Dioscorides geschnitten seyn solle. – *Gemmae literatae* werden nach Angaben des Plautus diejenigen genannt, auf denen die Namen der alten griechischen Graveurs sich finden. «

16	Eine im Spiegel sich beschauende Venus neben einer runden Säule, worauf ein Apfel oder die Weltkugel lieget	Carneole
17	Cupido auf einem Tiger	Sardonyx
18	Ein Sommervogel oder Psyche	Grenade
19	Mercurius mit einem Beutel in der Hand	Camée
20	Eine *Venus Victrix*, die ein *Trophaeum* auf der Schulter traget, die linke Hand unter sich haltet, als ob sie in Betrachtung wäre	Sarde
21	Cupido, so ein Siegeszeichen aufrichtet	Sarde
22	Ein Soldat ein aufgerichtetes Siegesgerüst betrachtend	Carneole
23	Ein siegendes Rennpferd	Camée
24	Ein Mercuriuskopf mit dem *Petaso* oder geflügelten Reishuth	Camée
25	Cupido mit einem bezwungenen weiblichen Centauro	Carneole
26	Eine bewaffnete Venus auf einem Seepferd	Grenade
27	*Victoria alata* in der rechten Hand einen *clipeum votivum* haltend, und mit der linken einen Feind zur Erde niederdrückend. Dergleichen man auf verschiedenen Münzen des Kaisers Antoninus findet	Camée

<28>

28	Eine *Venus victrix*, wie sie auf der Juliae, Titi, und Caracallae Münzen und sonsten zu sehen ist: sie sitzet auf einem Stuhl, betrachtet den auf einer Säule stehenden Helm, haltet in der rechten Hand den Degen in der Scheide, einen Spieß in der linken, und bei dem Fuß des Stuhls ein Schild	Camée
29	Ein Weibsbild mit einer Kolbe, das Sinnbild der Stärke	Camée
30	Ein Pantherthier, wie Bachus insgemein auf Münzen und sonst bei sich hat	Camée
31	Ein Trophäum oder Siegesgerüst, welches ein ermüdeter Soldat mit Nachdenken betrachtet	Carneole
32	Das Kräuter- oder Früchtenopfer	Camée
33	Diana den Bogen spannend	Camée
34	Aganice[29] oder eine andere Saga, wobei eine nackende mit aufgehobenen gefalten Händen bittende Figur stehet	-.-

---

[29] »Aganice, eine Tochter des Hegeton aus Thessalien, die den Lauf und die Ursach der Sonn- und Mondfinsternissen zuerst ausstudirt haben solle, hatte das Volk in Thessalien glauben gemacht, daß sie durch ihre Beschwörungen den Mond auf die Erde ziehen könnte, zu dem End sodann zur Zeit der ankommenden

35	Ein *Agricola* oder Ackersmann	Camée
36	Ein Schildwacht haltender Soldat	Carneole
37	Die geflügelte Victoria oder Siegesgöttinn, welche zwey Lorbeerzweige auf eine Säule setzet, wie auf den Münzen des Kaisers Antoninus	Camée
38	Der siegende Mars	Carneole
39	Ein Engel mit einem Kreuz, wie der Kaiser Julius Nepos, Zeno, Justinianus anstatt der Victoria auf ihren Münzen haben prägen lassen	Grenade
40	Pallas setzet ihren Schild, worauf das Haupt der Medusa zu sehen ist, mit der rechten auf einen Altar, und in der linken hält sie einen Spieß	Camée
41	Die geflügelte Victoria, so Lorbeerkränze an einen Spieß bindet	Camée
42	Eine früchtenopfernde Weibsperson	Camée
43	Die Fabel des Adlers und der Schnecke	Camée
44	Aesopus als Sclave mit unbedecktem Haupt	Camée
45	Eine große Säule, woran ein Schild stehet, auf der linken Seite sitzet ein behelmter Kriegsmann mit einem Spieß überzwerch, auf rechter Hand stehet auch ein behelmter Mann mit beiden Händen den Spieß haltend: vielleicht Ajax und Ulisses	Carneole
46	Das Schild, der Bogen und die Pfeile einer Amazonten	Carneole
47	Venus, so dem Cupido den Bogen zerbricht	Carneole
48	Ein Löw an einem Baum stehend	Camée
49	Ein unkennbarer Weibskopf, so beschädiget ist	Carneole
	‹29›	
50	Ein Hund, so einen Hasen fangt	Grenade
51	Der auf zwey Flöten spielende Pan	Camée
52	Eine Kuhe, oder die vom Jupiter in eine Kühe verwandelte Io	Saphir
53	Ein Adler mit einer Lorbeerkron im Schnabel auf einem *Cippo* oder Altar zwischen Sieges- oder Kriegeszeichen	Carneole
54	Der Kopf der Isis mit einem Mond umgeben, und dem Lotus- oder Steinkleeblatt auf der Stirn	Camée

---

Finsternissen die Thessalische Weiber überredet, durch ihre offene Gebether und Geheul die daraus befahrende Unglücke zu verhüten etc. «

Tabula 9

Zweyte Abtheilung

Nr. 55 - 107

55   Das Brustbild eines Kaisers[30] ist etwas beschädigt   Camée

56   Eine Weibsperson auf der linken Seite ein *Cornucopiae* oder Füllhorn im   Carneole
     Arm haltend, mit der rechten Hand rastet sie auf einem Rad; die auf der
     rechten Seite stehende Figur scheinet auch ein Kaiser *in toga* oder *paluda-*
     mento zu seyn[31]

57   Ein *Genius nudus*[32] mit der Opferschüssel in der rechten, und einer Korn-   Camée
     ähre in der linken Hand

58   Aeneas seinen Vater Anchises tragend, und den Ascanius seinen Sohn bei   Camée
     der Hand führend

59   Die Verbindung eines Kaisers mit dem Genio, wie auf den Münzen des   Camée
     Antoninus und andern stehet: *Genio Aug.*, *Genio Imperatoris*, *Genio Senatus*,
     Genio Militum etc.

60   Ein Mercuriuskopf wie oben Nr.24   Camée

61   Ein verabschiedeter Soldat   Camée

62   Ein nackender Soldat[33] mit einem Mäntelchen oder Chlamide den Rucken   Camée
     hinab, der einen Helm oder Spolia betrachtet

---

[30] »Einige wollen selbes für den Trajanus ansehen, doch glaubte ich vielmehr, daß es ein anderer von der ersten
Zeit der Republik seye, weil er kein Lorbeerkranz ums Haupt hat, welchen die Kaiser doch fast insgemein
darauf haben. «

[31] »Man hat von dem Kaiser Hadrianus verschiedene Münzen mit eben dergleichen Figuren und der Umschrift:
Fortunae Aug., *Fortunae Reduci*, auch *Felicitas Aug.* «

[32] »Kommt auf den Münzen von Diocletianus bis zum Konstantin oftmals vor. «

[33] »Könnte auch für einen Achilles angesehen werden, der die Waffen betrachtet, so auf seiner Mutter Thetis
Anstalt vom Vulcanus geschmiedet worden. «

63	Ein alter Adler, der einem jungen Adler eine Lorbeerkrone im Schnabel darbietet, der alte sitzet auf einer *Cista sacra*, auf welcher zu beiden Enden ein Palladium stehet, der junge ruhet auf dem Palladium linker Hand	Camée
64	Hercules mit seiner Kolbe und Krone	Carneole

<30>

65	Der Kopf einer jungen Kaiserinn, wie die junge Sabina	Jaspis
66	Der ächte Antik dieser Nummer muß bei vorigen Ausputzungen oder sonst verloren gangen seyn, an dessen Stelle der ganz offenbar moderne Stein durch den Arbeiter eingesetzt seyn mag, so einen Cupido vorstellt, mit der Umschrift: *Peu à Peu*	Carneole
67	Ein Ritter[34], so in der linken Hand ein Spieß traget, und mit der rechten ein Pferd vorführet	Camée
68	*Apollo Nudus* mit einem Lorbeerzweig in der rechten Hand, mit dem linken Elenbogen sich aus eine Säule stützend, um welche sich eine Schlange von unten herauf windet, vor Ihm stehet ein Raab auf einem Altar, wie auf des Vitellius Silbermünzen	Camée
69	Ein Herkuleskopf mit einer Lorbeerkrone	Camée
70	Ein Mannskopf, wie des Lepidus	Amethyste
71	Ein Adler zwischen zwey Kriegsfeldzeichen	Carneole
72	Ein tanzender Bachant oder Faunus haltet in der linken Hand ein Ziegenfell in die Höhe, mit der rechten aber ein Zweig von einem Fichtenbaum	Amethyste
73	Diana mit dem vollen und halben Mond hinter sich, haltet ein Reh am Geweih	Camée
74	Venus aus dem Bad kommend	Carneole
75	Ein *Circus maximus*, wo die *Agonalia* oder große Wettrennen mit Wagen und auf Pferden gehalten werden: wovon man auch schöne Münzen besonders unter dem Trajanus hat	Carneole
76	belorbeertes Haupt: ein sehr rares Stück	Amethyste
77	Der Kopf der Livia abermal rar	Jaspis
78	Ein mit dem Crotalo oder Ring spielender Knab oder Hirt	Camée

---

[34] »Einige Känner sehen es für eine Römische Rittersmusterung an, da sie sich mit Pferd und Waffen den Consulibus oder Praetoribus vorstellen, und visitiren lassen mußten. «

79	Jupiter, Juno, und Pallas in Unterredung	Carneole
80	Apollo	Sarde
81	Drey spielende Kinder, jenes in der Mitte dürfte wohl den Hercules vorstellen	Camée
82	Vulcanus halb nackend, auf einem gegitterten Stuhl von Eisen sitzend, haltet in der rechten Hand eine Beißzang mit einem *Flabello* oder Feuerfocher, mir erhobener linken Hand aber einen Spieß oder hastam puram das gemeine Sinnbild oder Merkzeichen der Gottheit	Berilla oder aqua marina
83	Die von Jupiter unter Gestalt eines Schwans betrogene Leda	Smaragd
84	Der auf einem Felsen sitzende Hymen, der Gott der Hochzeiten, in der rechten Hand eine Fackel, und in der linken ein Schleuder haltend, und auf dem Felsen rastend	Camée
85	Bellerophon auf dem Pegasus reitend, und unterhalb die Chimära	Grenade
86	Ein *vinitor* oder Weingärtner mit einem Kranz von Weintraubenblätter in der rechten, und der Happe oder Krummenmesser in der linken Hand	Carneole

<31>

87	Cybele auf einem mit Stralen gekrönten Löwen reitend, wie aus den Münzen Septimii Severi und Caracallae etc.	Onyx
88	Apollo auf Befehl des Trajanischen Königs reitend	Carneole
89	Die Figur eines Schilds	Camée
90	Ein Rab das Sinnbild des Apollo	Camée
91	Mercurius mit einem Beutel in der rechten, und den *Caducäo* in der linken Hand	Grenade
92	Das Brustbild einer Weibsperson[35], wovon das Haupt mit Lorbeeren gekrönet, die Brust aber mit einem Fell bedecket ist	Carneole
93	*Dea urbs Roma*[36] oder Rom die Beherrscherinn als eine Pallas vorgestellt, sitzend auf einem Panzer und Schild, linker Hand rastet sie auf dem	Camée

---

[35] »Känner sehen es für das Haupt einer Kaiserinn vieleicht der Liviä an, welches als vergöttert in das unter die Hausgötzen also versetzet worden: dann sie scheinet ein Schaafs-, Hunds- oder Ziegenfell über die Brust zu haben, welches das gemeine Zeichen der Hausgötzen ist. BAUDELOT DE DAIRV[AL] in seinen „Utilité des voiages & recherches des Antiquités" [Rouen 1727] zeiget dergleichen Bilder viele an. «

[36] »Die alte Römer und sonstige Völkerschaften waren nicht zu frieden ihre Städte unter menschlichen Figuren vorzustellen, und zu malen, sie legten ihnen gar göttliche Ehren zu; unter solchen, die man auf solche Art geehret, ist keine, wovon die Verehrung größer und ausgebreiteter gewesen, als die Stadt Rom, *Dea Roma*, man

Degen in der Scheide, und auf rechter Hand stehet eine kleine Bildniß
der Göttinn des Sieges, so ihr eine Krone vorzeiget

94	Zwey stehende Figuren, deren jene linker Hand ein Kreuz haltet, jene rechter Hand aber ihren Helm vom Haupt abgezogen[37]	Grenade
95	Socrates mit dem Kopf eines Elephanten, der im Rüssel einen Degen oder Pfeil haltet, des Socrates Spitzfindigkeit und durchdringende Weltweisheit anzuzeigen	Camée
96	Ein Adler zwischen zwey Kriegsfeldzeichen stehend, haltet im Schnabel die Lorbeersiegeskrone	Carneole
97	Eine Victoria, welche einen Lorbeerkranz zusammenbindet, wie solche auf Münzen Severi und Caracallae etc. stehet	Camée
98	Des Herkules knottigte Säule zwischen zwey Steurrudern	Carneole
99	Ein Hirt oder Faunus im Schaafspelz, hat einen Apfel oder Brod in der Hand, wornach ein Kind die Hände ausstreckt	Carneole
100	Castor und Pollux mit einem Fischnetze spielend	Jaspis

‹32›

101	Eine opfernde Weibsperson, gegen über stehet ein Popa mit doppelter Pfeife oder Flöte	Camée
102	Ein Lux	Camée
103	Castor und Pollux, oder vielmehr wie mir gedünket Jupiter und Mars, oder auch wohl zwey vergötterte Helden, dann Castor und Pollux haben nur meistens zwey Sternen oben ihrem Haupt oder zwischen sich; hier aber sind 5 Sternen, und der Mond unter Wolken zwischen den zwey Figuren, sie also im Olympus oder Himmel	Carneole
104	Fast unerkenntliche Bilder von Vögeln, jene aber oberhalb scheinen zwey Adler, und hinter selbigen Kriegsfeldzeichen zu seyn	Camée

---

richtete Ihr Altäre und Tempeln auf, nicht allein in Rom selbst, sondern auch in verschiedenen andern Städten der Römischen Bothmäßigkeit etc. «

[37] »Scheinet das Aufkommen der Christlichen Kirche und den Untergang des Heidenthums mit seinen Götzen anzuzeigen; dieses Sinnbild dörfte auch wohl als ein Denkzeichen eines Sieges unter den Kaisern Konstantin, Jovian, und Valentian oder folgenden angesehen werden, als welche anstatt der von den vorherigen Kaisern gebrauchten *Victoria* oder *Victoriola* eine Figur mit dem Kreuzzeichen oder den auf einem Fahne prangenden P.X. [=ChiRo] zu brauchen angefangen. *Vid.* JOAN. HEMELARIUS [„Imperatorum Romanorum … numismata aurea" Antwerpen 1627]. «

| 105 | Eine Schnecke | Carneole |
| 106 | Die Thetis auf dem Meerpferd, da sie von Neptunus geraubt wird | rother Cristall |

107 Ein *Sacrificium Aesculapii*: ein alter auf der Erde sitzender Mann zeiget   Camée
seine Krankheit mit erhobener linker Hand an, die rechte lieget lahm über
das Knie hinab; die stehende Person neben ihm hat etwas Flaschenför-
miges in der Hand, und scheint den Kranken hergebracht zu haben: vor-
wärts stehet Aesculapius, der in der rechten Hand ein Kraut empor haltet,
und die linke gegen eine Säule ausstreckt, woraus 4 dergleichen Krämer-
blätter stehen; hinten an der Säule stehet die Gesundheitsgöttinn Hygiäa,
welche die Blätter mit der rechten Hand auf die Säule stecket, im linken
Arm einen Stab haltend, die Falten an ihrem Rock oder Kleid laufen ge-
schlängelt durcheinander hinauf etc.

Tabula 10

Dritte Abtheilung

Nr. 108-133

108	Ein Medusäkopf	Camée
109	Dianan stehend auf einem Cippo mit gespannten Bogen, von Ihr fliehet ein Nimphe, so sich in einen Mantel verhüllet	Camée
110	Ein Mercuriuskopf	Camée
111	Eines jungen Römers Brustbild in *habitu consulari*	Carneole
112	Ein Mercuriuskopf	Camée
113	Das Brustbild des Germanicus mit einer Lorbeerkrone, sehr rar	Carneole
114	ein überwundener Kriegsheld bittet auf dem Knie liegend um Gnad, und bietet seinen Schild dar, den der sitzende Feldherr oder auch wohl die *Venus Victrix* anzunehmen, die linke Hand ausstrecket, mit erhobener rechten Hand aber jenen ausfilzet	Carneole
115	Faustina Filia oder Lucilla	Camée
116	Das Opfer Priapi[38]	Grenade

<33>

117	Des Nero Brustbild mit Lorbeer gekrönt	Camée
118	Des Cupido oder Antinous Kopf	Camée
119	Ein in die Luft schauender Cupido mit gespanntem Bogen, ein Sommervogel, das Sinnbild der Psyche oder der menschlichen Seele zu Füssen habend	Camée
120	Der Kopf des Alexanders mit einer Löwenhaut umwickelt	Camée

---

[38] »Könnte auch wohl für einen Bildhauer angesehen werden, der den von ihm auf einer Säule stehenden Priapum oder Deum terminum mit dem Hammer zerschlagen willt: der Maaßstab stehet überzwerch an der Säule, und hinter derselben ein Gefäß. «

121	Des Kaisers Augusti *Apotheosis* oder Vergötterung, wovon auch ein eben so großer oder noch größerer Agatstein zu Wien seyn solle	Camée
122	*Pallas Salutifera* oder die heilbringende Minerva mit ganz besondern Kopfsauszierungen	Sardonyx
123	Der Kopf eines Anteros oder Eifersüchtigen	Carneole
124	Ein verhüllter Weibskopf, wird von einigen als eine Artemisia angesehen	Topaze
125	Ein Anteroskopf, wie oben N. 123	Carneole
126	Das Brustbild der Zenobia	Camée
127	Das Brustbild des Germanicus, rar	Camée
128	Das Brustbild einer Vestalischen Priesterinn, so einige für Claudia halten	Grenade
129	Pallas	Camée
130	*Bos cornupera*[39], wie mehrmals auf des Augusti und andern Münzen gesehen wird	Carneole
131	Das Brustbild eines Weibsbild	Carneole
132	Ein Löw, so einen Hirsch zerreißt	Carneole
133	Ein Kopf des Cupido	Sarde

---

[39] »Vieleicht auch der Stier von Dionision. «

Tabula 11

Vierte Abtheilung

Nr. 134 - 165

134	Eine Kuh mit saugendem Kalb: wie auf den Münzen von Dyrachio	Carneole
135	Aspasius oder Diana. Man findet dergleichen eine bei PICARD und STOSCH[40] Tab. 17. ein Meisterstück des berühmten Aulus	Carneole
136	*Mars gradivus*, oder ein zur Schlacht gehender Soldat	Camée
137	Ein Mercuriuskopf	Camée
138	Brustbild eines jungen Prinzen, so von einigen für den Marcellus ange-sehen wird	Carneole
139	Victoria mit einem Lorbeerkranz und Lorbeerzweig in der rechten Hand, mit der linken nach einem doppelten Steuerruder greifend, und also *Victoria Navalis* wie auf des Vespasiani Münzen	Sarde
140	Diana wie oben N.7 in der linken Hand den gespannten Bogen haltend, mit der rechten einen Pfeil aus dem Kocher langend	Grenade

<34>

141	Ein Mercuriuskopf	Camée
142	Unkennbar	Camée
143	Alexander Magnus	Camée
144	*Apollo Muliebris*	Camée
145	Ein Römischer Kaiser ohne Kron, wie Hostilianus	Camée
146	Hercules mit seiner Kolb und der Löwenhaut	Calcedo-ine
147	Ein Medusakopf	Carneole
148	Der Kaiser Augustus in der Jugend. Vide STOSCH, p.26	Carneole
149	Pegasus	Carneole

---

[40] (Stosch/Picart, 1724).

150	Ein Hirt, so dem Pan ein Schaafsfell opfert	Grenade
151	Ein Hirt, so ein Schaaf schlachtet	Carneole
152	Das Bildniß unseres Heilands	Carneole
153	Aesculapius[41] mit dem Schlangenstab	Amethyste
154	*Diana Licifera* wie auf der Faustinä und andern Münzen	Camée
155	*Venus Victrix* von zwey Cupido gekrönt	Blutfärb Jaspis
156	Ein Cameelthier	Grenade
157	Apollo den an einem Baum hangenden und geschundenen Marsias betrachtend	Camée
158	Ein ringender Löw	Camée
159	Germanicus[42]	Carneole
160	Ein Schildwacht haltender Soldat	Amethyste
161	Psyche	Amethyste
162	Ein Mercuriuskopf[43]	Carneole
163	Nero oder Cleopatra	Amethyste
164	Ein Mannsbild, so opfert	Camée
165	Ptolomäus und Berenice[44], Könige von Aegypten	Emeraude

<35>

---

[41] »PICARD und STOSCH führen dergleichen einen Tab.8 an als ein Arbeit des berühmten Aulus. «

[42] »Ein gleicher Germanicus findet sich bei PICARD und STOSCH Tab. 32. eine Arbeit des Epitynchanus. «

[43] »Ein Kopf mit einem platten Hut, den einige Känner für einen Mercuriuskopf halten, dergleichen einer von STOSCH Tab. 28 als ein Arbeit des berühmten Dioscoridis angeführt wird. Wobei ich jedoch den merklichen Unterschied bemerke, daß zu beiden Seiten der Hut bis über die Ohren gezogen ist. «

[44] »Andere sehen es für Hector und Andromache an. «

Tabula 12

Fünfte Abtheilung

 Nr. 166 - 226

166	Der kümmerende Cupido	Sardonyx
167	Zwey sich die Hände gebende Figuren in langen Togis oder Oberkleider, scheinen eine Bindniß zwischen zwey Kaisern vorzustellen, wie auf den Münzen des M. Aurelii Philosophi und Lucii Veri mit der Umschrift: *Concordia Augustorum*	Amethyste
168	Apollo auf einem Altar sitzend, zeiget einer vor ihm stehender halbnackenden Figur die Leier, gegen über sitzet die Venus bis auf die Schenkel nackend, mit einem Schwert in der Scheide	Sardonyx
169	Ein Reuter zu Pferd	Carneole
170	Das Bildniß der Lucilla Gemahlinn des Lucius Verus	Camée
171	Ein Mann[45] mit dem Krumstab in der linken Hand, betrachtet ein abgehauenes Menschen-Haupt in der rechten vor sich, den linken Fuß auf einen Cippum oder rundes Fußgestell stellend	Onix
172	Ein Pfau, das Sinnbild der Juno	Carneole
173	Hercules, so den Centaurus erlegt	Camée
174	Ein Hund, so einen Hasen fangt	Grenade
175	Eine tanzende Figur, so einen Hasen traget	Grenade
176	Aristophanes, ein Weltweiser	Grenade
177	Ein Feldmann mit einem Stecken in der Hand	Camée
178	Eine bewaffnete Pallas	Carneole
179	Ein Soldat richtet ein Trophäum von feindlichen *Spoliis* auf, in den Händen haltet er einen Degen in der Scheide mit herabhangenden Gürtel, vor ihm stehet ein Küraß, darauf ein Helm, und zur Seite ein Schild	Amethyste

---

[45] »Könnte vieleicht ein Julius Cäsar seyn, wie er mit dem *lituo* in einer Hand und dem Haupt Pompeji da stehet.«

180	Eine Kornähre	Amethyste
181	Venus Victrix, wie sie auf den Münzen der Juliä, des Titi, der Faustina, des Caracallä zu sehen ist, sie stehet halb nackend, den linken Elenbogen auf eine Säule lehnend, mit der linken Hand einen Spieß querdurch haltend, und in der rechten einen Helm, worunter ein Schild auf dem Bogen lieget	Camée
182	Venus aus dem Bad kommend	Carneole
183	Ein Vogelgreif	Carneole
184	Die *Fortuna navalis* sitzend mit einem Steuerruder und Hörn des Ueberfluß *Cornucopiae*	Camée
185	Silene mit einer Flaschen	Carneole

<36>

186	Victoria	Carneole
187	Wiederum eine *Venus Victrix* wie oben N.181	Camée
188	Ein unbekannter Kopf	Camée
189	Victoria oder Cupido vor einem Altar oder *Cippo*, worauf ein *Signum Militare* Kriegsfeldzeichen stehet	Carneole
190	Ein Soldat, so ein Schild niedersetzet	Camée
191	Cupido, der ein Trophäum aufrichten willt	Camée
192	Ein schleichend recognoscirender Soldat vor einer Stadtmauer	Camée
193	Ein mit Lorbeer geziertes Haupt eines Kaisers, nach Meinung einiger des Nero in der Jugend	Carneole
194	Ein Soldat härtet und schleifet seine Pfeile	Carneole
195	Eine Ameise	Carneole
196	*Capra Amalthäa*, so den Jupiter gesauget hat	Camée
197	Ein Feld- oder Ackersmann, so die Erstling seiner Früchten zum Opfer tragt	Carneole
198	Ein dergleichen	Carneole
199	Das große ungestalte Trojanische Pferd	Carneole
200	Jupiter, in Gestalt eines Adlers, reisset die Eingeweide von einem Bock auf, der in den Weingärten Schaden gethan	Sarde
201	Ein verabschiedeter Gladiator. *Vid.* STOSCH Tab.21	Carneole
202	Der Jäger Meleager	Camée
203	Victoria oder Psyche	Camée

204	Cupido	Carneole
205	Janus oder Socrates mit eines andern Weltweisen verdoppelten Kopf	Camée
206	Ein Hahn mit einer Kornähre	Carneole
207	*Mars Gradivus*	Carneole
208	Hannibal und ein Pferdskopf, wo zwischen ein Schild stehet, das Sinnbild von Carthago	Carneole
209	Ein *pocillator* oder Mundschenk, vieleicht auch ein Hercules Bibax, wie bei STOSCH Tab.1	Grenade
210	Der Friede	Onix
211	Ein Spynx	Carneole
212	Centaurus den Hercules angreifend	Amethyste
213	*Mars Gradivus*	Carneole
214	Ein Scorpion und Viperschlange	Carneole
215	Ein Kornährenopfer	Camée
216	Ein schildwachthaltender Christlicher Soldat	Camée

<37>

217	Ein Ackersmann	Camée
218	Das Brustbild der Lucretia	Amethyste
219	Ein Trophäum zwischen zwey Uberflußhörner an einer überzwerg gelegten Säule, ein Sinnbild der Tapferkeit und Freigebigkeit eines Feldherrn	Carneole
220	Ein Panterthier mit einem Kreuz	Carneole
221	Ein Bachant wie oben N.72. *Vid.* STOSCH Tab.49	Amethyste
222	Venus nackend mit vorstehenden Brüsten aus dem Bad kommend, und auf einem Stein sitzend um sich abdrocknen zu lassen	Carneole
223	Ein Pferd	Carneole
224	Ein *Murex* oder Purpurschneck	Carneole
225	Der Kopf des Aristophanes oder eines andern Weltweisen	Carneole
226	Ein Hirt oder Faunus mit einem Schaafsfell bekleidet, den *uterum* oder Schlauch[46] von Leder zu Wein oder Wasser in Händen haltend	Carneole

---

[46] »Diese Figur kann muthmaßlich auf das Lust- oder Spaßspiel der uralten Griechen Ascodiasmus genannt alludiren, welches Spiel auf einem vor 40 Jahren zu Fiesoli in Italien vorgefundenen Basrelief größer vorgestellt wird, da nämlich ein Faunus neben einem solchen Schlauch lieget, und mit der Leier in der Hand spielet: dann die Athenienser pflegten zu der lustigen Zeit der Weinlese dergleichen Schlauch auf das öffentliche Theater

<37>

Hiermit schließen wir die vorgenommene Beschreibung der in beigebogenen Kupfertafeln abgezeichneten und an der Grabstätte der heil. drey Weisen Königen befindlichen Antiken und Edelgesteinen, wie solche von Kunst- und Alterthumsverständigen eingesehen und beurtheilet worden. Wir schmeicheln uns, daß der geneigte Leser die darinn eingetragene heidnische zur Auszierung Christlicher Heiligthümer sich nicht gar zu wohl schickende Fabeln, Sinnbildern und Gedanken in jenem Sinn des Alterthums Werths ansehen und betrachten werde, mit welchem ehemals die Altäre, Reliquienkasten und andere heilige Gefässer auf eben gleiche Art verzieret worden, und zu Aachen, zu Xanten und anderwärts, in Frankreich besonders zu S. Denis und in den berühmten Kirchen der heil. Genovefa in England, in Italien und in Spanien von Kännern und Alterthumsliebhabenden beschauet und bewundert werden.

---

zu legen mir dem beßten Wein gefüllet; ein jeder dorfte darauf springen, aber um die Schlauch mit Wein zum Preiß oder Gewinnst davon zu tragen, mußte er mit einem nackenden Fuß allein daraufstehen bleiben: es wäre aber dieses eine nicht leichte Kunst, dann der Schlauch wäre mit Fett oder Seiffen sehr schlupfrig überschmieret. Der Abt Rudolpfino Venuti hat hiervon vor 30 Jahren eine besondere sehr gelehrte Abhandlung geschrieben, wovon dieser Auszug in der Ignat. RODERIQUE „Correspondence des Scavans" p.725 eingetragen sich befindet. Es hat also muthmaßlich dieser Alter den Schlauch gewonnen, und macht sich damit lustig." – Jean Ignace Roderique (Johann Ignaz Roderique) (* 3. November 1696 in Malmedy; † 4. April 1756 in Köln) war ein Kölner Publizist und Historiker. Als Zeitungsverleger brachte er ab 1734 die international beachtete Gazette de Cologne in französischer Sprache heraus.

Tafeln[47]

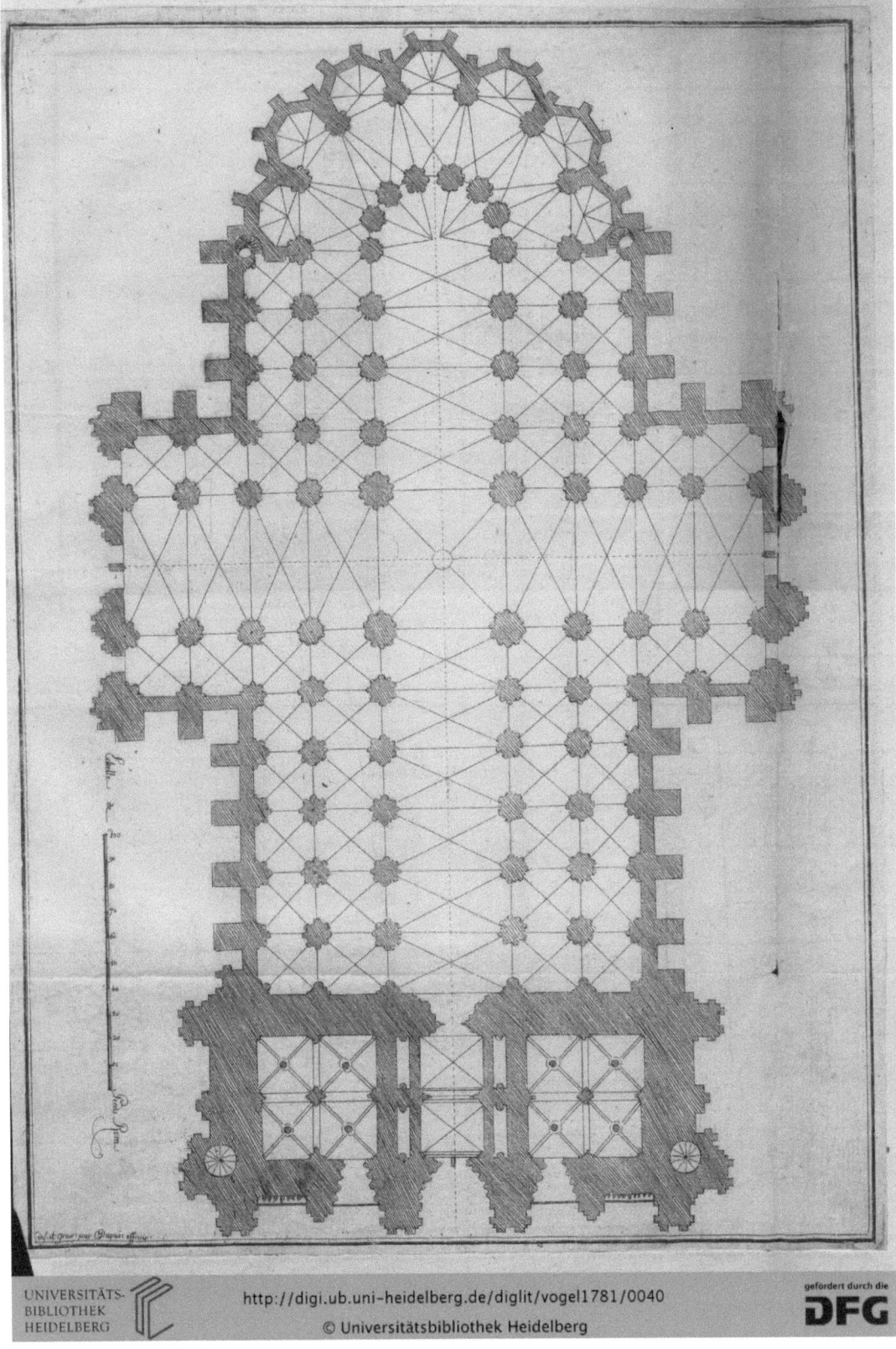

Abbil-dung 1: Grundriss des gotischen Domes (nach 1248)

---

[47] Alle Abbilungen mit freundlicher Genehimgung der UB Heidelberg: http://digi.ub.uni-heidel-berg.de/diglit/vogel1781/0040 ff. – CC-BY-SA 3.0.

Abbildung 2: Aufriss

Abbildung 3: „Sacellum"

Abbildung 4: Stirnseite des Dreikönigenschreins

Abbildung 5: „Salomon-Seite"

Abbildung 6: „David–Seite"

Abbildung 7

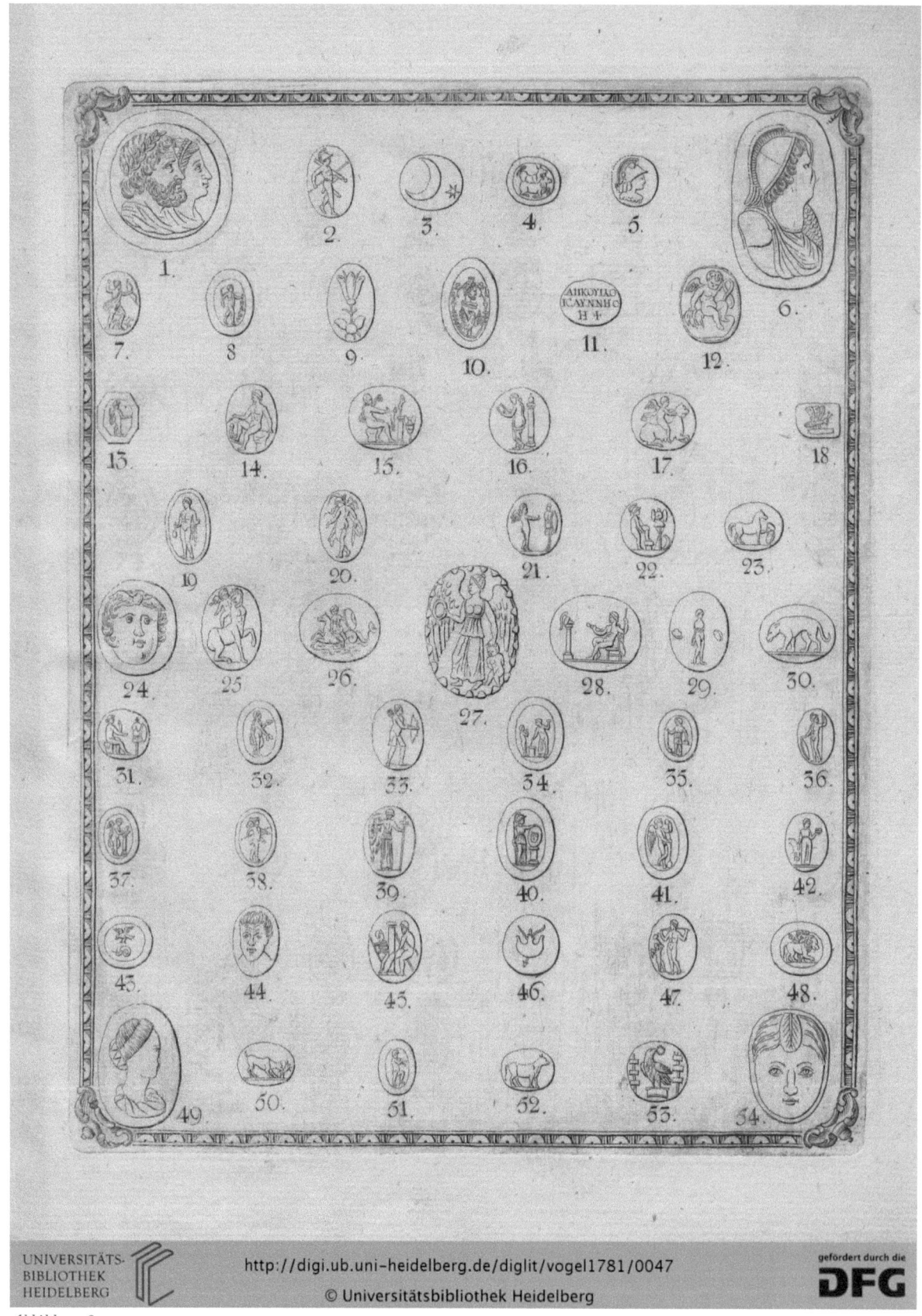

Abbildung 8

Abbildung 9

Abbildung 10

Abbildung 11

Abbildung 12

Literaturverzeichnis

Cavitellius, L. (1588). *Annales Cremonenses*. Cremona.

Ennen, E. (1989). Die kurkölnische Haupt- und Residenzstadt in einem Jahrhundert der friedlichen und glanzvollen Entwicklung. In D. Höroldt (Hrsg.), *Bonn als kurkölnische Haupt- und Residenzstadt 1597-1794* (S. 205 ff). Bonn: Dümmler.

Gelenius, A. (1645). *De admiranda sacra et civili magnitudine Coloniae: Sacros et pios Fastos ...* (Bd. IV). Köln: Kalkovius.

Graevius, J. G. (1704). *Thesaurus antiquitatum et historiarum Italiae*. Leiden: Vander AA.

Hemelarius, J. (1627). *Imperaorum Romanorum ... numismata aurea*. Antwerpen: Belleri.

Morena, O. (1629). *Historia rerum Laudensium tempore Federici Aenobarbi caesaris*. (S. Boldoni, Hrsg.) Venedig.

Muratori, L. A. (1723 ff). *Rerum italicarum scriptores ab anno aerae christianae 500 ad annunm 1500*. Mailand.

Muratori, L. A. (1725). *Rerum Italicarum scriptores* (Bd. 7). Mailand: societas palatina.

Stosch/Picart. (1724). *Pierres antiques gravées*. Amsterdam: Picart.

Torre, C. (1714). *Il Retratto di Milano, 3 Bände*. Mailand: Agnelli.

Vogel, J. P. (1759). *Le Calendrier de la Cour de son altesse serenissime electorale de Cologne, pour l'an ... MDCCIX*. Bonn: Ferd. Rommerskirchen.

Vogel, J. P. (1762). *Chur-Cöllnischer Hof-Calender für das Jahr ... 1762*. Bonn: Ferd. Rommerskirchen.

Vogel, J. P. (1767). *Churfürstlicher Cöllnischer Hof-Calender auf das Jahr 1767*.

Vogel, J. P. (1768). *Churfürstlich Cöllnischer Hofcalender auf das Schaltjahr 1768*.

Vogel, J. P. (1768). *Nouvel Almanach de la cour de S.A.E. de Cologne pour l'anee bissextile 1768*.

Vogel, J. P. (1771). *Nouvel Almanach de la Cour de S.A.E.E. de Cologne pour l'annee 1771*. Bonn.

Vogel, J. P. (1781). *Collection des pierres antiques dont la chasse des Ss. Trois Rois Mages est enrichie dans l'eglise metropolitaine à Cologne*. Bonn.

Vogel, J. P. (1781). *Sammlung der prächtigen Edelgsteinen womit der Kasten der dreyen heiligen Weisen Königen ... zu Köln ...* Bonn: Hofbuchdruckerei.

Vogel, J. P. (1786). *Almanac de la cour de S.A.S.E. de Cologne pour l'anee 1786*.

Vogel, J. P. (kein Datum). *Churfürstlich-Cöllnischer Hof-Kalender auf das Jahr 1771*. Bonn.

Index